KB040598

코로나-19와
한국의 거버넌스

박재창

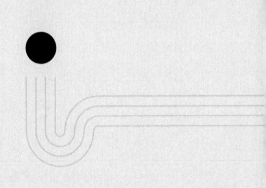

박영사

서 문

— 인류 문명의 좌절과 한국 문화의 자부심 사이에서 —

코로나-19는 강력한 전파력과 높은 치명률 및 재감염지수를 자랑하는 범지구 차원의 감염병이다. 그럼에도 불구하고 인류가 이에 대해 아는 것은 별로 많지 않다. 호흡기 전파가 주요 감염 통로인 것으로 알려져 있지만 공기와 비말 가운데 어느 쪽 매개 비중이 높은지에 대해서는 아직도 서로 다른 견해가 다투고 있다. 무증상 전파, 면역반응, 재감염, 유전자 소인의 역할, 감염에 따른 장기적인 영향 등에 대해서도 베일을 걷어내지 못하기는 마찬가지이다. 상황이 이런 만큼 예방약과 치료제가 개발되기 이전 단계에 있다고 해서 결코 놀랄 일도 아니다. 백신 개발이 상황의 반전을 가져올 것이라는 기대가 있었지만 바이러스의 변이, 돌파 감염, 부작용, 집단면역 달성 등 아직 넘어야 할 산이 많다. 가히 "의과학의 위기"에 다름 아니다. 그런 탓에 인류문명사 이래 최고의 과학문명 시대를 산다는 지구촌 거류민들은 지금 매우 당혹스럽고 또 불안하기 짝이 없는 일상을 살고 있다.

이런 상황에 조응해서 감염병을 제압하고 국민의 건강을 지켜야 하는 책무를 지는 것은 당연히 국가다. 국가는 그의 존립 근거 자체가 국민의 안전과 존엄의 보호 및 유지에 있기 때문이다. 그러나 그런 국가마저도 위기에 처해 있다. 무엇보다도 국가의 중추적 기능이라고 할 수 있는 "정치의 위기"가 심각하다. 먼저 근대 국가로서 지켜야 마땅한 가치의 추구와 자국 이익 우선주의가 충돌을 빚기 때문이다. 문명국가라면 당연히 인류문명사 이래의 대재앙에 직면해서 인본주의를 지향하고 인권을 존중하며 지구촌 전체의 안녕을 위해 노력해야 마땅한 일이다. 코로나 바이러스의 창궐이 지구 온난화에 따른 파생 효과 가운데 하나라면 지구촌 전체의 환경오염과 생태 파괴에 대한 대응을 보다 더 적극적으로 공조해 나가야 한다. 코로나-19 자체가 국경을 초월해서 확산되는 만큼 효과적인 방역을 위해서라도 국가 간 협력과 공조는 필수적 과제다. 외국에서 생산되는 생필품 공급 체인이 유지되어야 이런 재난 속에서도 자국민의 생활경제를 지켜낼 수 있다. 그러나 자국민의 건강을 우선적으로 지키기 위한 방역정책이나 의료자본주의 내지는 자국 기업 보호 우선주의의 차원에서 보면 국경폐쇄, 백신 국수주의, 경쟁적 자본주의의 추구는 너무나도 당연한 선택지로 여겨진다. 개별 국가의 이익을 쫓아 다른 나라와 경쟁하거나 전략적, 독자적 대응을 통해 자국민 보호를 우선시하는 일이 불가피하거나 또는 규범적이라는 주문에 내몰리지 않을 수 없다.

한 나라의 내부에서도 사정은 결코 다르지 않다. 효율적인 방역을 위해서는 의과학적인 지식과 판단에 따라 정책을 개발하고 집행해야 하지만 어떤 방역정책도 정책 수용자인 일반시민의 적극적 호응 없이는 기대 효과를 발휘할 수 없다. 따라서 시민 개개인의 선택과 주문을 조율하는 정치적 조정의 과정을 필요로 한다. 의과학의 일원주의와 정치적 조정의 다원주의가 충돌하지 않을 수 없다는 뜻이다. 이런 조정과 타협의 과정은 서로 다른 이해관계를 짜 맞춰야 하는 만큼 시간의 경과를 필요로 하고, 그런 까닭에 상황의 시급성에 대응해야 하는 방역 정책은 실기할 수도 있다. 사회경제적 약자와 강자 사이에서 발견되는 정치적 조정과정에 대한 참여 능력의 차이와 기회의 불평등을 어떻게 관리하느냐도 국가가 짊어져야 할 난제 가운데 하나다. 특히 코로나-19가 미치는 의과학적 불평등이 사회경제적 불평등과 순비례 관계를 형성한다는 점을 감안하면 문제의 복잡성은 보다 더 심화된다.

어찌어찌 하여 방역정책의 방향이나 내용이 결정된다고 하더라도 이를 집행하는 과정에서 발생하는 "행정의 위기"도 결코 쉽게 풀 수 있는 과제가 아니다. 코로나 위기가 도래하기 이전에 관행적으로 의존해 오던 업무처리양식으로는 위기 상황에 대한 효율적인 행정 대응이 불가능하기 때문이다. 가장 큰 문제는 업무 총량의 갑작스런 증가다. 국정을 운영하는 데 필요한 일상적인 업무 위에 위기 대응이라는 비상업무가 추가되기 때문이다. 특히 이런 비상업무는 기존의 표준적 절차나 일상적인 대응양식으로는 소기의 목적을 달성하기 어렵다. 관료제의 상명하달식 업무 처리나 법규중심주의, 그에 따른 보편적, 일반적, 경직적 대응으로는 위기 상황이 필요로 하는 현장 조응성, 탄력성, 유연성, 속도성에 제대로 반응할 수가 없다. 그렇다고 해서 사안의 시급성에 비추어 긴박한 시간 내에 새로운 인력을 충원, 교육하거나 입무처리양식을 개발하고

체화하여 이를 범정부적으로 확산할 수도 없는 일이다. 무엇보다도 방역행정의 효율화를 위해서는 행정 현장에서 관리전문가로서 내리게 되는 판단과 방역 수혜자들의 개별적인 요구, 나아가서는 의과학적 진단이 서로 충돌하는 상황을 극복하는 데 필요한 장치를 체계화해 두어야 하지만 이럴 경우 상황변화에 대한 능동적이고 유연한 대처가 곤란해지는 문제에 봉착한다. 문제의 성격이 모호하고 불확실한 만큼 인과관계를 추정하거나 효율적인 대응조치를 개발하는 일이 곤란하다는 점도 본질 문제 가운데 하나다.

따라서 그때그때의 상황 변화에 조응해서 점진적으로 이뤄지는 실시간 조정이 불가피하게 된다. 지속적인 긴장과 모순의 연속 속에서 대안을 찾아 암중모색해야 한다는 뜻이다. 질병 관련 정보를 신속히 모두 공개해서 시민의 확신과 동의를 구하는 일이 옳을까? 그럴 경우 질병에 대한 공포와 위험 의식을 과도하게 자극하는 결과가 되는 것은 아닐까? 정보의 정확성과 투명성을 위해 의과학적인 전문용어를 차용하는 것과 내용전달상의 불명확성을 감수하더라도 일반 용어로 전달함으로써 이해력을 높여야 하지 않나? 이런 모순적 과제에 대한 해답을 찾아 나가야 하는 행정 현장은 언제나 긴장과 무기력의 연속으로 점철될 수밖에 없다. 보다 더 심각한 과제는 이렇듯 정부의 행정이 문제 해결 능력을 상실했다고 판단하게 되는 경우 자체 정화 기능을 상실하면서 부패와 탈법, 적당주의, 무의사결정, 외면 등 행정의 무기력화가 심화될 위험이 배가된다는 점이다. 위기의 본질에 대한 인식의 차이가 갈등과 역기능을 유발하면서 방역행정 관여자들 사이에서 오히려 더 큰 문제가 유발된다는 의미다.

　보다 더 근본적인 문제는 이렇듯 방역행정의 일상화가 지속되면서 큰 정부, 작은 개인 내지는 국가 개입주의에 대한 방어기제가 약화되고 정부에 의한 감시와 개입을 당연시하는 태도가 일종의 사회적 경향성으로 자리잡게 된다는 점이다. 이런 현상은 이미 근대 역사를 통해 확인되고 있다. 1930년대 대공황을 맞이한 미국이 뉴딜정책을 통해 국가 개입주의를 정당화 한 이래 큰 정부의 일상화가 한동안 지속되었고, 제2차 세계대전의 폐허 위에서 유럽의 부흥을 위해 고안된 마샬플랜이 중앙집권적 대응과 정부 의존성 심화의 사회적 정당성 기반을 확장했다. 여기에 더해 코로나-19로 인한 "경제적 위기"는 정부의 재정 투입 확대를 불가피한 과제로 제기한다. 국경 폐쇄, 도시 봉쇄, 사회적 거리두기, 자가 격리 등 경제적 일상을 차단하는 방역 조치가 빈발하면서 경제 활동이 위축되고 계층 간 경제적 불평등을 심화시키는 결과를 낳는다. 방역 정책의 수혜자가 보편적, 일반적이라면 그에 따른 사회경제적 비용의 부담은 특정적, 개별적으로 구체화되어 나타난다. 자영업자, 비정규 노동자, 중소 상공인 등 경제적 취약 계층의 피해가 더 크고 결정적이다. 이런 사회경제적 취약 계층을 지원, 보상하고 경제의 일상적 운영을 지원하기 위해서는 국가 재정의 투입 규모를 크게 확장하지 않을 수 없다. 큰 정부의 등장을 당연시하게 된다는 의미이다. 이로 인해 정치적 자유주의와 경제적 자본주의가 위협받게 되고 사민주의 내지는 포퓰리즘의 등장 가능성이 급격히 증대한다. '이념적 위기'의 시대를 마주하게 된다는 뜻이다.

그러나 국가 개입주의만으로 코로나-19 같은 인류문명사적 차원의 감염병에 효과적으로 대응하기는 쉽지 않다. 시민사회의 협력과 공조가 필수적 과제로 제기된다. 시민이 감염의 출발점이자 매개의 숙주이며 해결의 현장이기도 한 다층적, 복합적, 자기 모순적 성질을 함축하는 탓이다. 한 사회가 지닌 자원을 총동원해서 대응해야 한다는 점에서는 시민사회뿐만 아니라 시장의 협력도 요청된다. 정부의 일방적 조치로 인해 사회경제적 부담을 져야 하는 비정규 노동자, 자영업자, 여성, 어린이, 소수인종, 장애인, 원격지 거주자, 정보처리기술 미숙자 등 사회적 취약 계층의 의견과 요구를 보다 더 정교하고 신속하게 반영하기 위해서도 시민사회와의 협력적 공조 체제의 구축은 불가피한 과제로 제기된다. 사회적 위기 상황에서 사회적 취약 계층을 보호하고 지원하는 데에는 정부 혼자만의 자원이나 의지만으로는 충분치 않고 시민사회의 공감과 자원봉사 및 재정자원의 지원 같은 보완적 조치가 필요한 법이다. 정부의 방역행정과정에서 발생하는 인권침해, 오류, 권력남용, 부패, 역기능, 예산낭비 등을 감시하고 안전성, 포용성, 평등성, 책임성, 투명성, 등을 제고하기 위해서도 시민사회와의 협력은 불가피한 일이다. 방역행정이 불확실성, 불명확성 가운데 이뤄지는 만큼 시민사회와의 교류를 통한 현장에서의 점진적, 부분적 수정과 보완은 불가피한 과제로 제기된다. 정부가 아무리 좋은 방역대책을 내놓는다고 하더라도 이를 최종적으로 구현하는 현장은 시민사회라는 뜻이다. 사회적 거리두기에 맞추어 재택근무, 원격구매, 원격수업, 등을 구현하는 일은 바로 시민 개개인의 일상적 삶이 영위되는 현장에서 이뤄진다.

그러나 시민사회와의 협력적 공조를 지향하는 경우 우선적으로 당면하게 되는 과제는 시민참여가 국가를 매개로 하는 전환과정을 거쳐 이뤄지는 데에서 발생하는 시간의 지체가 불가피하다는 점이다. 신속성을 생명으로 하는 위기 대응 과정에서 핵심적 장애요인이 아닐 수 없다. 국정과정에 대한 시민참여가 용이한 것도 아니다. 특히 코로나—19로 인한 위기 상황에서는 사회적 거리두기, 대면 접촉에 따르는 위험 요인 등으로 인해 공적 영역에서의 집회와 결사의 자유가 침해되거나 참여와 숙의에 대한 심리적 저항이 커지는 등 심각한 주저 요인이 발생하게 된다. 디지털 장치에 의존하는 참여와 숙의가 대안으로 제시되기도 하지만 참여의 비효율이나 정보처리능력의 비대칭으로 인한 사회적 약자의 참여 능력상의 불평등 문제는 여전한 과제로 남는다. 숙의 없는 참여가 협력적 거버넌스의 본질을 위협할 것은 정한 이치나 같다. 시민사회 구성원이라고 해서 집단 이익을 우선하거나 민의를 왜곡하고 권한과 책임의 분리를 통해 무임승차에 나서고자 하는 등 재난 이기주의의 함정에 빠지지 말라는 법도 없다. 시민사회의 사회적 규범 정립에 대한 수요는 오히려 더 커진다는 뜻에 다름 아니다. "사회적 위기"의 발로를 말한다.

이는 코로나—19의 창궐로 인해 인류문명이 가히 "총체적 위기"에 직면하게 되었음을 뜻한다. 실제로 근대 문명을 선도해 왔다는 대부분의 서구 선진국들조차 코로나—19의 질곡으로부터 헤어나지 못한 채 혼란과 실패를 거듭해 왔다. 이런 와중에 한국은 코로나-19 대응의 방역과 치료에 있어 선도적 수범을 보인 것으로 평가된다. 당연히 그 원인을 규명하는 일이 이 시대를 살아가는 사회과학자에게 주어진 숙제일 것을 췌언을 요하지 않는다. 그에 따라 여기에서는 이런 총체적 위기의 근인이 서구적 편견 또는 근대 문명기의 편향성 가운데 하나라고 할 수 있는 과학주의, 합리주의, 이성적 담론을 선제적으로 가정하는 데에서부터 비롯된 것이라고 보고자 한다. 아니 한국의 성공 요인은 바로 이런 선험적 가정에서 벗어나 온정주의, 감성주의, 이해관계보다는 헌신과 희생을 강조하는 데에서 비롯되었다는 판단에 이르게 되었다. 한국의 가족주의에 주목하는 이유다. 이는 단순히 한국형 방역의 근인을 밝히는 데 머무는 것이 아니라 거기에서 더 나아가 근대 문명의 대안 모색에 대한 단초를 여는 시발점이 될 수도 있다는 사실에 주의를 환기하고자 한다. 이미 후기 근대 사회에 들어서면서 과학주의, 이기주의, 개인주의, 계약주의, 기계론 등에 기초한 근대 문명의 수명이 다했다는 진단은 일찍부터 나와 있었다. 다만 그의 변증법적 대안이 무엇이냐에 대한 궁금증과 암중모색의 과제가 남아있는 터였다. 그런 점에서 코로나-19의 대응 과정에서 한국 사회가 보여준 대안의 비중은 결코 가볍지 않다. 지식수입국으로 살아온 우리로서는 이를 지구중심적 관점에서 해석하고 평가하며 공유하는 과제가 또 다른 차원의 책무로 남겨져 있음을 고백해야 마땅한 일이다. 그런 점에서 이 책은 단순히 국내 독자만을 대상으로 기획되지 않았다. 그런 까닭에 영국의 러틀리지(Routledge) 출판사에서 『코로나-19, 가족주의 그리고 한국의 거버넌스(COVID-19, Familism and South

Korean Governance)』라는 제목으로 영문판의 출간을 앞두고 있다. 지구촌 거류민 모두와의 공감을 겨냥하는 까닭이다. "총체적 위기"는 우리에게 있어 "총제적 기회"일 수도 있다는 믿음 앞에 서 있음을 밝히고자 한다. 독자 제현의 뜨거운 지지와 함께 따가운 질책과 혹독한 고언을 기대하는 이유이기도 하다. 어려운 출판 환경에도 불구하고 흔쾌히 출판을 결심해 준 박영사의 관계자 여러분께 감사의 말씀을 전한다. 한국인의 다음 세대를 이어갈 손자, 손녀인 정원, 서준, 하윤의 앞날에 뜨거운 축복이 함께 하기를 기원한다.

2021. 06
분당 우거에서

차 례

서 문

제1장

서 론

제1장

서 론

위기는 우리의 삶에 다양한 충격과 변화를 낳는다. 최근에 경험하는 것으로는 코로나-19를 들 수 있다. 이미 많은 사람이 생명과 일터를 잃고 기존의 질서에 대한 신뢰를 잃었으며 새로운 양식의 거버넌스와 리더십에 대한 열망을 촉발하고 있다. 역사적으로 보더라도 범지구적인 감염병의 확산은 인류의 거버넌스 양식을 크게 바꾸어 왔다.

6세기에서 8세기에 걸쳐 유행했던 유스티아누스 역병은 오늘날의 선페스트로 추측된다. 유럽 전역에 퍼져 인구를 반토막 냈다. 이로 인해 유럽에서 황제 1인이 강력한 중앙집권적 통치력을 발휘하던 제국의 시대가 몰락하고 각 지방의 영주가 자치권을 행사하는 중세 봉건시대가 열렸다(진순천, 2020.04.08.). 14세기 유럽을 휩쓴 흑사병은 유럽 인구의 3분의 1이 사망하는 대재앙으로 발전하면서 엄청난 노동력 부족 사대를 낳았다. 이는 다시 봉건적 생산양식을 바꾸면서 자본주의적 생산양식에 기초한 부르주아지 계급의 탄생을 불러왔다. 20세기 초엽 세계 전역에서 5000만 명 이상의 사망자를 낸 스페인 독감은 자국 이익 우선주의를 촉발하면서 국제협력주의를 무산시키고 국가 간 민족주의와 보호무역주의를 격화시켜 1930년대의 대공황을 불러왔고 이는 다시 제2차 세계대전의 근인이 되었다(임혁백, 2020: 3).

이미 세기사적 감염병이라는 코로나-19에 대한 대응과 관련해서도 어떤 거버넌스 내지는 리더십 유형이 보다 더 유효한 것인지에 대한 논쟁이 뜨겁다. 논란을 먼저 주도한 것은 중국이다. 인민일보는 논평을 통해 중국식 사회주의가 대안이라면서 유약한 민주주의보다 단호하고 유능한 권위주의가 효율적이라는 입장을 개진했다(천관율, 2020.06.02.). 반면에 한국이 코로나-19 방역의 수범국가라는 사실에 주목한 미국의 워싱턴 포스트(Rogin, 2020.03.11.)는 한국의 방역 성공에 비추어 볼 때 개방성과 투명성에 기초한 민주주의가 대안임을 보여주는 것이라는 견해를 펼쳤다.

그러나 한국의 방역 성공이 민주주의 때문이라면 미국이나 유럽의 개방성과 투명성 나아가 민주주의가 방역 실패를 거듭하는 현상을 설명하기 어렵다. 이를 의식이라도 한 듯 한국의 방역 성공은 감시국가, 통제사회, 동아시아의 집단주의 때문이라는 설명이 제시되었다. 요컨대 한국의 성공은 중국의 라이벌 모델 때문이 아니라 큰 틀에서 중국 모델에 속하기 때문이라는 주장에 다름 아니다. 대표적으로 기 소르망(Guy Sorman)은 중국처럼 유교문화의 영향이 큰 한국은 지식인과 전문가를 신뢰하고 명령을 준수하며 개인에 비해 집단을 우선하기 때문에 방역 성공의 토대가 마련되었다고 보았다(손진석, 2020.4.29.).

이는 사실 해묵은 논쟁에 지나지 않는다. 대국굴기를 제창하는 중국이 국제관계의 중요 변수로 등장하면서 국정운영의 효율성을 약속하는 장치가 권위주의적 실적주의(authorative meritocracy)냐 아니면 자유주의적 민주주의(liberal democracy)냐에 대한 논쟁이 시작된지는 꽤 오래 되었다. 아무리 중국식 실적주의인 현성주의가 효율적이라고 하더라도 그 과실이 국민 개개인에게 공유되지 않는다면 무슨 소용이 있냐는 주장과 함께 실적을 토대로 하는 신계급의 등장을 정당화하는 논리 이상도 이하도 아니라는 비판이 주류를 이루었다. 현성 계급에 만연해 있는 부패도 문제점으로 지적되었다. 현재는 현장의 변화를 좀 더 지켜보자는 견해가 주류를 이룬다. 그러나 지구화 시대의 근본을 이루던 지구질서의 일극 체제가 무너지고 중국이 부상하는 신지구화 시대가 열리면서 이 논쟁의 결과가 인류 문명의 미래를 조망하는 핵심적 토대 가운데 하나가 될 것이라는 데에 이의를 제기하기는 쉽지 않게 되었다.

이런 가운데 코로나-19 대응에 한국이 성공했다는 평가가 빈발하면서 이제 한국의 코로나-19 대응 거버넌스 실체가 무엇인지를 규명하는 일은 단순히 보다 효과적인 감염병 억지 수단이 무엇인지를 밝히는 것 이상의 의미를 함축하게 되었다. 그런 만큼 한국의 거버넌스 실체가 무엇인지를 밝혀낸다고 하더라도 이제는 거기에서 한 걸음 더 나아가 그것을 다른 나라에 이식하는 일이 과연 가능한지도 함께 규명해야 미땅한 일이 되었다. 그래야 한국의 방역 거버넌스가 미래 정부의 표준이 될 수 있을 것인 지의 여부를 판단할 수 있을 것이기 때문이다. 그런 점에서 보다 적극적인 규명 작업이 요청되지만, 기존의 연구 결과는 대개가 국가중심주의의 한계를 벗어나지 않았다. 무엇보다도 한 번도 도시 봉쇄나 국경 폐쇄에 나서지 않은 한국을 두고 중국과 같은 부류로 분류하는 건 해묵은 "아시아적 가치(Asian values)" 논쟁을 반복하자는 것 이상을 의미하지 않는다. 가부장적이고 권위주의적인 유교문화의 전통이 동아시아 국가들의 급속한 경제발전을 견인한 동력으로 평가되어 온 것처럼 K-방역의 성공 요인도 결국은 아시아적 가치에 그 근인이 있는 것 아니냐는 설명이기 때문이다.

그러나 아시아적 가치에 대해서는 그동안 여러 반론이 제기되어 왔고 그런 만큼 이를 통해 한국의 성공을 설명하려면 아시아적 가치 같은 표피적 설명 이상의 것을 필요로 한다. 그동안 아시아적 가치에 제기되어 온 반론의 핵심은 유교문화의 유산이 가부장적 계서구조만을 의미하는 것은 아니지 않느냐는 것이었다. 아시아 특유의 개발 권위주의 체제를 정당화하는 논리의 틀일 뿐이라는 지적도 있었다. 그러나 유교의 순종주의와는 달리 한국은 코로나 -19가 진행되는 가운데에서도 총선거를 치렀고 반정부 데모나 노동조건 개선을 주창하는 거리 시위도 여전했다. 한국의 현대정치사는 권력적 순종주의와는 달리 정치적 투쟁과 저항으로 얼룩졌다. 정보사회를 선도하는 한국 사회가 아직도 과거 같은 수준의 가부장적 계서구조 하에 머물러 있는지도 의문이다. 유교문화의 유산 때문이라면 코로나-19의 대응 과정에서 한국은 어째서 유교문화의 발원지인 중국과는 다른 대응 양식을 구사해 왔는지도 밝혀져야 할 과제 가운데 하나이다.

이런 문제의식을 토대로 여기에서는 2020년 한국 사회를 강타한 코로나−19 대응 과정에서 한국이 방역 정책을 성공적으로 집행하게 된 핵심 요인이 무엇인지를 규명해 보고자 한다. 이를 위해 코로나−19가 경계 초월적 질병이라는 점을 감안해 볼 때 질병의 확산이 사회 총체적 위기 상황을 불러오는 것은 당연한 일이라고 보고, 위기 거버넌스에 대한 논의를 중심으로 문헌조사를 통해 위기 대응의 성공 요인을 분석해 보고자 한다.

제2장

위기 대응 집행
거버넌스의 모색

위기 대응 집행 거버넌스의 모색

1 코로나-19의 확산과 사회적 위기

코로나-19 감염병은 대상을 가리지 않는 경계 초월성 (transboundary nature)과 빠른 전파력으로 인해 심각한 사회적 위기를 불러온다. 신속하게 일상을 깨뜨리고 사회적 문맥을 바꿔가며 악순환 구조를 낳는다. 우선 국제관계에서 보면 매우 용이하게 민족국가의 국경을 넘는다. 이로 인해 일국주의와 세계주의 사이에서 악순환 구조가 발생한다. 이를 차단하기 위해서는 국가 간 거리두기 내지는 국경 폐쇄가 대안 가운데 하나다. 그러나 국가 간 거리두기 내지는 국경 폐쇄는 경제활동의 내향주의(inward looking)와 고립주의를 촉발하고 국가 간 경제활동을 위축시키면서 지구화 시대의 세계경제체제를 위협한다. 이 경우 신자유주의체제에 기반하는 지구 거버넌스가 위기에 처할 것은 자명한 일이다.

이런 보호무역주의 성향은 해외 생산시설을 국내로 이동하는 리쇼어링(reshoring)을 촉발하면서 초지구화(hyperglobalization)를 향한 에너지를 약화시키고 상대적으로 개별 국가의 자율권 행사 영역을 확장한다. 이를 지구 차원에서 보면 개별 국가 간의 경제적 불평등이 심화되면서 지구촌 전역의 경기 회복과 활성화를 저해한다. 경제가 어려워지면 경기 회복을 위해 노력하는 개별 국가의 정치적 주권 의식과 배타적 이기주의는 한층 더 강화된다. 이는 다시 지구 공동체 전체의 경제적 풍요를 지향하는 세계주의와 충돌한다. 이렇듯 민주정체에 기반한 개별 국가의 자국민 우선주의는 지구촌 전역의 보편적 유익을 지향하는 사해동포주의(cosmopolitanism)와 갈등하지 않을 수 없다.

그러나 감염병 창궐의 요인 가운데 하나로 관측되는 환경오염과 기후변화에 대응하기 위해서는 범지구적인 연대와 협력이 필수적 과제이다. 한 나라의 코로나-19 방역은 다른 나라의 방역과 연동되는 만큼 다른 나라에 대한 즉각적이고 인본주의적인 지원, 중장기적이고 총체적인 보건 의료체계의 공여, 나아가 보다 근본적으로는 감염병 관련 의료 기술을 범지구적인 차원에서 공공의 지적 재산으로 삼는 문제 등이 요청된다. 이는 범지구적인 접근(whole-of-the-world approach)(Kauzya, 2020: 3)과 협력 없이는 성취하기 쉽지 않은 일이다. 보건 의료활동의 기초가 되는 고용 보장과 인간의 기본권 내지는 긍지와 연관된 한계 수입의 유지도 결국은 자국의 유익만 추구하는 폐쇄적 일국주의로는 달성하기 어렵다.

이 과정에서 진단 키트나 의료 장비 및 예방주사를 개발하고 이를 공유하려는 노력을 인류애의 발현으로 여기는 것이 보통이지만 그 운영 및 협력의 실체를 살펴보면 인본주의를 빙자해 자국의 방역 및 의료용품 기업의 이익을 우선하려는 것이 보통이다. 방역자본주의(disinfection capitalism) 또는 의료자본주의(medical capitalism)의 등장을 말한다. 정치적으로는 의료 후진국에 대한 방역 지원과 협력이 개별 공여국의 배타적 이익이나 국제관계상의 이해관계 개선을 우선하고자 하는 재난외교(disaster diplomacy)로 인해 국제협력주의의 진정성을 훼손하는 일도 적지 않다. 그렇다고 해서 방역자본주의나 재난외교를 무시하는 가운데 국가 간 협력을 도모하는 일도 쉽지 않다. 국제관계에서는 현실적 이해관계가 핵심적 추동 요인이기 때문이다.

차원을 달리해 일국주의 수준에서 보더라도 코로나-19는 그의 사회적 경계 초월성(transboundary nature)으로 인해 개인주의와 국가주의가 충돌하는 모순과 갈등을 거듭한다. 원래 국가는 개인의 자유와 안전을 책임져야 하는 책무를 지닌다. 당연히 신체적 자유와 프라이버시 유지에 나서야 한다. 이는 특히 민주정체의 경우 국가 존립의 정당성 근거에 해당된다. 그런데 코로나-19는 개인, 집단, 영역 간 경계를 넘어 확산하는 성질을 지닌 탓에 그 개인의 보호를 위해 개인의 자유를 통제하는 일에 국가가 나서지 않을 수 없다. 국가는 바이러스의 전파를 막기 위해 도시 전체의 완전 봉쇄, 거리두기, 대중교통 이용시 마스크 착용의 의무 부여 같이 공동체 전체 차원의 강제에 나서야 마땅한 일이다.

이를 통해 "건강의 안보화(securitization of health)"(Rushton, 2011:

779-796)가 이뤄지는 것도 문제다. 질병의 사회적 경계 초월성이 전시 상태처럼 국가주의의 정당성을 높이고 나아가 국가가 시민을 훈육하는 것에 대해 큰 저항 없이 이를 수용하지 않을 수 없게 하는 사회 환경이 이뤄진다. 국민 보건상의 안전을 담보하기 위해서라면 국가의 강제권 행사가 불가피하다는 인식이 자리 잡는 것이다(van de Pas, 2020: 18). 이 경우 국민 개개인은 더 이상 독립된 개체로서 주체적 존엄성이나 자기 신체에 대한 자유로운 처분권 내지는 일상성의 유지에 대한 배타적 지배권을 유지하기 어렵다. 특히 이런 국가에 의한 획일주의하에서는 사회적 약자에 대한 존중이나 배려를 기대하기가 쉽지 않다. 공동체 전체를 단위로 움직이는 국가권력의 일원주의는 국민 개개인의 사례별 특성에 대한 배려를 외면하기 마련이다. 그러나 질병의 감염 자체가 사회경제적 취약 계층을 파고들어 사회경제적으로 차등적인 분포를 보일 뿐만 아니라(김명희, 2020: 69) 감염에 따라 개인이 겪는 사회적, 경제적, 신체적 손실과 위험도 차등적이다. 그럼에도 불구하고 국가는 비록 정도의 차이가 있을지언정 이를 단지 보편적, 일원적으로 다룰 수 있을 뿐이다.

또한 방역을 위해 사회적 거리두기나 도시 또는 지역 봉쇄 같은 적극적 조치에 나설 경우 이는 경제활동을 극단적으로 위축시킬 뿐만 아니라 종당에는 경제적 비용과 부담을 국민 개개인에게 지우게 된다. 해당 지역 주민이 겪는 심리적 위축과 불편함도 문제다. 효율적인 방역을 위해 이런 경제적·사회적 비용을 외면할 경우 이를 부담하는 국민들의 불만이 쌓이면서 정부 정책에 대한 저항에 나서게 된다. 이를 우려하여 적극적 방역을 완화하거나 외면하는 경우 감염병 확산이 악화되면서 정부의 방역 능력에 대한 불신이 심화되지 않을 수 없다. 정부로서는 어느 쪽도 적극적으로 선택할 수 없는 정책적 딜레마에 빠지는 것이다(김동환·조수민, 2020: 438).

이로 인해 정부가 주도하는 보건 위생 정책의 효율성과 정당성에 대한 의구심과 문제제기가 이어지게 되지만 그렇다고 해서 개인주의를 초극하는 공동체 차원의 대응을 외면할 수는 없다. 그만큼 사회적 경계 초월적 질병은 개인은 물론이고 사회공동체의 질서 전체에도 결정적 위협요인으로 작용하기 때문이다. 이 경우 대의정부는 당연히 그 운영구조상의 모순에 빠지지 않을 수 없게 된다. 공동체 전체의 보편적 유익을 앞세우는 경우 도대체 대의과정에서 누가 누구의 이익을 대표하느냐 또는 할 수 있느냐의 문제가 제기되기 때문이다.

따라서 국가의 방역 활동은 국가의 획일적 일방주의가 아니라 개별 상황에 따라 비례적으로 적용되어야 한다는 주장이 설득력을 더 하게 된다. 국가의 방역 정책에 대한 국민의 정치적 통제와 감시가 불가피하다는 주문이다. 그러나 정치적 통제가 개별적 특성과 이해관계의 반영을 주문하는 데 반해 보건 위생상의 위기관리는 결국 보편성과 일반성을 지향하는 과학주의에 기반하지 않을 수 없다. 방역은 궁극적으로 의과학의 문제이기 때문이다. 정치와 과학의 충돌을 여하히 극복하느냐가 또 다른 차원의 딜레마로 제기되는 이유다.

2 위기 대응 전략의 모순적 과제

코로나-19에 대한 대응과정에서 빚어지는 사회적 위기의 본질은 세계주의, 국가주의, 과학주의 같은 일원론 내지 집권주의를 따를 것이냐 아니면 일국주의, 개인주의, 정치적 주문 같은 다원론 내지는 분권주의를 따를 것이냐에서 빚어지는 충돌과 부조화의 문제다. 이들은 서로 차원과 맥락을 달리하는 만큼 양자 사이의 갈등과 모순이 시간의 경과에 따라 체계적, 순율적, 순차적으로 해소되기는 어렵다. 오히려 시간이 경과할수록 모순의 확대 재생산을 거듭하면서 문제의 본질을 왜곡할 가능성이 커지게 된다. 따라서 초동 단계에서 대응하는 것이 문제 해결의 관건이 된다. 이런 유형의 악순환 구조에서 벗어나기 위해서는 위기의 본질이라고 할 수 있는 시간 제한성(time-constant)과 문제 모호성 및 불확실성(ambiguity and uncertainty)을 타파하는 일이 핵심적 과제다. 시간상으로는 신속한 대응을 필요로 하고, 현상 진단에 있어서는 더욱 정교하고 현장 밀착적인 접근이 요구되는 이유다.

따라서 사회적 위기로서의 코로나-19의 확산에 대한 대응 전략으로 민첩 거버넌스(agile governance)(Janssen & van der Voort, 2020; Moon, 2000)나 증거기반 거버넌스(evidence-based governance)(Yang, 2020; Lancaster et al, 2020)를 제안하는 것은 합리적 호소력을 지녔다. 민첩 거버넌스는 의사결정 구조의 집권화, 소프트웨어의 개발 등을 통해 정부의 반응적, 선제적 대응이 가능케 함으로써 신속성을 담보하고자 한다. 그런 점에서 방역 활동을 위해 가용자원을 총동원하는 것과 같은 넓은 의미의 정책 방향에 대해서는 이미 정치적 합의가 선취되어 있다고 보고자 하는 특성을 지녔다. 반면에 증거기반 거버넌스는 예견되는 상황에 대한 선제적 대응이 가능하도록 탈이념적이고 현장 중심적이며 합리적인 측정과 평가에 기반해서 접근하고자 한다. 현장위주의 사실 중심 접근을 중시한다는 점에서 분권적 접근전략에 다름 아니다. 시민참여를 통한 정치적 이견의 조정 과정을 외면하고 과학주의의 일원적 원리에 의존한다는 점에서 민첩 거버넌스가 추구하는 신속성 담보와 상합하는 성질을 지녔다. 그러나 다른 한편에서 보면 다양한 현장을 토대로 이뤄지는 분권적 접근을 통해 사실조사가 이뤄지는 경우 어떤 결론에 도달하기까지에는 상대적으로 많은 시간이 필요할 것이라는 점에서 민첩 거버넌스의 신속성 제일주의와 상충하는 요소를 지녔다. 이는 거버넌스에 대한 인식론적 프레임이 집권적 접근과 분권적 접근으로 상호 충돌하기 때문에 빚어지는 결과로 여겨진다. 그러나 양자는 모두 국가중심주의를 통해 의사결정 차원에서 위기에 대응하려는 것이라는 점에서 같다.

반면에 위기 대응을 서비스 전달 차원에서 모색하고자 하는 이들은 흔히 회복적 거버넌스(resilient governance)(Brousselle et al, 2020; Giustiniano et al, 2020)와 조응적 거버넌스(adaptive governance)(Djalante, 2012; Ticla'u et al, 2020) 전략을 제안한다. 회복적 거버넌스는 도달하고자 하는 미래의 상황에 대한 정치적 합의가 이미 이뤄져 있다는 전제하에 일원적인 법치주의로의 복귀 내지는 일상성의 회복을 추구한다. 그런 점에서 조속한 일탈성의 극복을 말하려는 것에 다름 아니다. 그러나 조응적 거버넌스는 구조적 모순의 점진주의적 극복을 위한 적응과정을 전제로 일종의 진화론적 학습과정을 상정한다. 임기응변적 또는 상황조응적으로 국민의 실질적인 여망에 점진적으로 조응해 나가려고 한다는 점에서는 일탈성 내지는 탈법성을 함축하는 것이기도 하다(Boin & Lodge, 2016: 292). 문제는 이런 점진주의적 접근이 시간적 제약 아래에서 이뤄져야 하는 위기 극복 대안으로는 스스로 한계를 지닌다는 점이다. 반면에 회복적 거버넌스는 즉응적인 복원을 시사한다는 점에서 신속성을 함축한다. 바로 이 점에서 양자는 충돌적 요소를 지녔다. 이런 조응적 거버넌스의 갈등적 요소는 차원을 달리하는 것이기는 하지만 민첩 거버넌스와의 관계에서도 같다. 조응적 거버넌스의 지루성과 민첩 거버넌스의 신속성 간에 충돌을 낳는다.

그런데 이를 인식론의 차원에서 보면 회복적 거버넌스가 일상성의 조속한 회복을 위해 집권적인 대응을 암시하는 것이라면 조응적 거버넌스는 현장 밀착적이고 점진주의적 적응을 시사한다는 점에서 분권적 전략을 말하는 것에 다름 아니다. 결국 코로나-19로 인한 위기 대응 전략으로서의 민첩 거버넌스, 증거기반 거버넌스, 회복적 거버넌스, 조응적 거버넌스는 거버넌스의 인식론적 프레임에 있어 서로 집권적 시각과 분권적 시각에 기초한다는 점에서 상호 충돌적, 대립적, 모순적 요소를 내포하는 셈이다.

3 위기 대응 집행 거버넌스의 유형

코로나-19의 극복을 위한 위기 대응 전략으로서의 거버넌스는 그의 인식론적 프레임 차원에서 빚어지는 집권주의와 분권주의 사이의 악순환 구조를 여하히 조절하고 완화할 것인가가 문제 해결의 핵심적 과제인 셈이다. 그런데 이렇듯 차원을 달리하면서 상호 충돌적이고 모순적인 관계를 구축하는 상황에서는 동일 차원에서 이뤄지는 체계적이고 순차적인 전개 양식에 의존하는 합리적 의사결정은 스스로 문제 해결에 무력할 것이 자명한 일이다. 따라서 비록 단일 차원에서 보면 무질서 내지는 혼돈 속에서 이뤄지는 의사결정으로 여겨질지 몰라도 이를 긍정적으로 평가하고 다차원을 포괄하는 접근전략을 필요로 하게 된다. 쓰레기통 모형(GCM: Garbage Can Model)이 대표적인 경우이다. Cohen, March & Olsen(1972)이 고안한 GCM은 사람들이 관심을 갖는 '문제의 흐름'(a stream of problems), 어떤 결정에 이르는 계기를 말하는 '선택의 흐름'(a stream of choices), 해결책을 고안해 가는 '해결의 흐름'(a flow of solutions), 관련자들의 지지와 성원을 말하는 '참여자의 에너지 흐름'(a stream of energy from participants)이 서로의 흐름을 뛰어넘어 상호작용하는 가운데 어떤 결론에 도달하게 된다고 본다. 이렇듯 GCM은 비합리적이고 우연성에 기초한 의사결정을 설명하는 데 효과적이다. 그러나 그런 문제와 해법 사이의 연계체제를 분석적, 논리적 또는 선제적으로 규명하는 데에는 당연히 한계를 지녔다. 그렇기 때문에 사후적인 설명의 도구로는 몰라도 문제 해결을 위한 전략적 대안으로서의 의의는 반감된다.

이런 문제의식은 Kingdon(2003)으로 하여금 다중 흐름 프레임(MSF: Multi Stream Frame)을 제안하도록 했다. MSF는 정부의 문제

인식과 연관된 문제의 흐름(problem stream), 정책 공동체에서 문제 해결 대안을 모색해 나가는 과정으로서의 정책의 흐름(policy stream), 선거와 선출직 공무원을 중심으로 의제 선정 압력과 관련해 전개되는 정치의 흐름(politics stream)이 상호작용하는 가운데 이들 사이에서 어떤 결합(coupling)이 이뤄질 때 정책의 창(policy window)이 열리고 의제가 선정되거나 정책이 결정된다고 보고자 한다. 이때 이 세 가지의 흐름은 완전히 독립적인 것은 아니지만 각각 서로 어느 정도 독립성을 가지며 체제 외생적인 성격을 갖는 것으로 전제된다. 이는 마치 집권주의와 분권주의가 그 기본적인 성질에 있어 상대적 개념을 일컫는 것이어서 상호 독립적이면서도 동시에 연계적인 관계를 맺는 것과 같다. 이로 인해 이들 사이의 상호작용이 구체적으로 어떤 결정을 이루어낼 것인가는 이러한 요인들 하나하나가 흘러가는 유형과 그 비율, 또한 각각에게 관련된 절차에 의해 결정된다고 보았다.

MSF는 이렇듯 어떤 흐름, 특히 정치적 흐름(political stream) 또는 전국적 분위기(national mood)를 중시함으로써 사회적 지지와 영향력 행사 같은 상황 변수를 강조한다는 데에 특징이 있다. 어떤 맥락을 타느냐가 중요하다는 뜻이다. 그러나 MSF는 정책수용자들을 기본적으로 피동적으로 관찰하고 인지한다는 점에서 정책결정의 창이 열릴 때까지 마냥 관성을 타고 흐르는 것으로 가정하는 한계를 지녔다. 무엇보다도 주로 의제설정이나 의사결정을 설명하는 데 주목함으로써 정책집행으로까지 논의를 확장하지 못했다. 당연히 정부에 의한 서비스 전달 내지는 환류 같이 집행 이후를 설명하는 시도는 이뤄지지 않았다. 중요한 것은 상황변화의 압박 속에서 정책을 결정하려면 정책화 과정의 제도화를 통해 신속성을 담보하는 일이 필요하기 마련인 데 이런 경우 시간의 경과에 따른 상황변화를 반영하지 못하게 될 개연성이 커진다는 점이다. 신속성과 조응성 사이에서 일종의 패러독스에 빠지는 것이다.

이런 점을 감안한 Boswell & Rodrigue(2016)는 논의를 집행 단계로까지 확장했을 뿐만 아니라 특히 정치적 흐름과 문제의 흐름 간의 관계에 주목하고자 했다. 그 결과 두 흐름이 교차하면서 빚는 정책 집행의 양식 내지는 정부의 조직이나 기관의 반응 시나리오를 네 가지로 구분해서 다루고 각각의 유형을 영국의 구체적인 정책사례에 따라 검증해 보고자 했다. 이들에 따르면 정책 집행 시나리오를 구성하는 두 개의 기준 가운데 우선 정치의 흐름은 어떤 문제 해결에 관련된 조직이나 기관들이 자신들의 정당성과 필요 자원의 확보 차원에서 중앙정부로 하여금 자신들이 요구하는 방향으로 지원, 조정하는 일에 나서도록 정치적 압력을 행사하고 그에 따라 중앙정부가 관련 기관들을 조정, 관리, 지원해 나가는 현상이라고 보고자 한다. 부언하면 문제의 흐름과 대안의 흐름을 연결하는 선출직 공무원이나 정책혁신가 내지는 정책주도자(policy entrepreneur)의 결합(coupling) 노력을 정치적 흐름이라고 규정한 것이다. 반면에 문제의 흐름은 문제와 문제 해결 대안의 정합성(problem fit) 차원에서 파악하고자 했다. 이때의 정합성은 문제 해결을 위한 중앙정부의 대안이 문제의 흐름에 간여하는 지방정부 기관이나 조직들이 기대하고 추구하는 방향으로 집행되는 정도에 따른 평가다. 이에 따라 정치적 흐름이 강하고 문제의 정합성이 강한 경우는 합의적 집행(consensual implementation)이, 정치적 흐름이 약하고 문제의 정합성이 강한 경우는 상향식 집행(bottom-up implementation)이, 정치적 흐름이 강하고 문제의 정합성이 약한 경우는 문제의 흐름과 결합이 이뤄지지 않는 상태(decoupling)에서 정치적 흐름에 의한 강압적 집행(coercive implementation)이, 정치적 흐름이 약하고 문제의 정합성도 약한 경우는 세 흐름들 사이에 아주 약한 연계가 이뤄지거나 어떤 결합도 이뤄지지 않음으로 비집행(non-implementation)이 결과하는 것으로 보았다.

그러나 Boswell & Rodrigue(2016)의 이런 유형화 작업은 기본적으로 국가중심주의의 한계를 노정하는 것에 다름 아니다. 정책의 집행을 거번먼트(government)의 프레임 아래에서 다루고 있을 뿐 거버넌스의 관점에서 접근하지 않아 시민사회와의 협력적 과제를 상대적으로 경시하는 한계를 지녔다. 위기 상황에서는 거번먼트 차원의 전개과정을 시민사회 보다 구체적으로는 시민 개개인이 피동적으로 마냥 기다리고 있을 수만은 없다. 시간의 촉박성이라는 위기 대응의 맥락적 조건을 반영하기 위해서는 정부를 거치는데 따르는 전환비용을 최소화하는 일이 선결과제이기 때문이다. 여러 대안을 고민하거나 정치적 주문을 절충하고 대화를 촉진하기에는 시간적인 여유가 없어 시민이 주도하거나 언론이 담당하는 정책 선도자 역할을 경시해서도 곤란한 일이다. 보다 더 적극적으로는 국가에 대한 기대가 작거나 불신하기 때문에 시민사회가 정부와 협력하거나 공조하기를 주저하는 가운데 스스로 해결에 나서고자 할 수도 있다. 무엇보다 중요한 것은 효율적인 위기 대응을 위해서는 가용자원을 총동원한다는 뜻에서 관련자들 모두를 포괄하는 사회 총체적 접근(whole of society approach)이 불가피하다는 사실을 간과한다는 점이다(Kauzya, 2020: 3).

보다 근본적으로는 강한 정부와 공사 영역의 엄격한 구분을 전제하고 있어 서구문화 중심적인 편향성을 내포한다. 그렇기 때문에 문화적 경계를 넘어 공사 영역의 구분이 불명확한 비서구 지역에 이런 프레임을 일반적, 보편적으로 적용하기는 쉽지 않다. 더 중요한 것은 코로나-19 같은 감염병으로 인한 위기 상황에서는 시민사회가 감염이라는 위기의 극복이 이뤄지는 최종 현장이자 감염이라는 문제가 시작되는 출발점이기도 한만큼 방역과 감염의 극복을 위해서라면 시민사회를 핵심적인 영향 요인으로 간주하지 않을 수 없다는 점이다. 코로나-19 대응 정책같이 악순환 구조를 이루는 정책 딜레마 하에서는 문제의 모순성으로 인해 정부로서도 흠결 없는 합리적 해법의 개발이 손쉽지 않다(Zohlnhöfer & Rüb, 2016: 4). 해법의 개발이 어려운 문제의 불확실성과 불명확성이 위기 상황의 특징이기도 한만큼 그 부족분을 시민사회에 맡겨 현장의 대응을 통해 보완하는 일이 불가피하게 된다. Bowtell(2020.03.06.)은 HIV 같은 과거의 감염병 사례에서 교훈으로 삼아야 할 것은 위기 대응에 시민사회의 참여가 불가결적 요소라는 점이라고 주장한 바 있다.

따라서 위기 대응 정책의 집행 과제를 국가 내부가 아니라 국가와 시민사회의 관계에서 다루는 경우 거버넌스 결정 요인으로는 국가, 시민사회, 위기 상황 자체를 들지 않을 수 없다. 위기의 타파를 위한 한 사회의 대응 양식은 위기의 심각성 정도와 그에 대한 국가의 대응 그리고 그에 반응하는 시민사회의 반응도 내지는 호응 정도에 따라 구성된다고 보고자 하는 것이다. 위기 상황이 심각할수록, 그에 대한 정부의 대응이 긍정적일수록 시민사회의 정부에 대한 신뢰도가 높아지며((Kauzya, 2020: 4), 정부의 신뢰도가 높아질수록 시민사회의 반응도 적극화할 것이라는 뜻이다. 따라서 시민사회가 판단하는 위기 상황의 심각성 정도와 정부 대응에 대한 긍정적 평가 정도에 따라 시민참여의 수준과 양식이 결정되며, 그에 따라 위기 대응 정책의 집행 거버넌스 양식도 달라지게 된다. 이에 따라 시민사회가 인식하는 위기 상황의 심각성 정도를 한 축으로 하고, 정부의 대응에 대한 긍정적 평가의 정도를 다른 한 축으로 하는 경우 그에 대한 시민사회의 대응성 정도에 따라 4개의 서로 다른 집행 거버넌스 유형을 도출해 볼 수 있게 된다.

┃표-1┃ 위기 대응 정책의 집행 거버넌스 유형

정부 대응의 긍정성 정도 \ 위기 상황의 심각성 정도	고	저
고	I. 협력적(균형) 거버넌스	II. 수동적(동원) 거버넌스
저	III. 능동적(자율) 거버넌스	IV. 방임적(소극) 거버넌스

위의 <표-1>에서 제I 유형은 시민사회가 인식하는 위기 상황

의 심각성 정도가 높고, 정부에 대한 긍정적 평가도 높은 경우다. 상황이 심각하고 그런 만큼 정부의 대응도 적극적, 효율적으로 이뤄져 정부에 대한 시민사회의 신뢰가 높다. 따라서 시민사회도 적극적으로 반응하고 호응해서 위기 극복에 나서고자 한다. 국가와 시민사회가 모두 적극적으로 위기 대응에 나서고자 하는 경우임으로 서로에 대한 경청(Kauzya, 2020: 3), 수평적 협조, 균형적 결합의 가능성이 커진다. Boswell & Rodrigue(2016)의 프레임을 빌리자면 국가의 흐름과 시민사회의 흐름 그리고 문제의 흐름이 상호작용하는 가운데 끈끈한 결속력을 보이는 경우다. 국가와 시민사회를 두고 중립적으로 접근하고자 한 Kooiman(2010: 83)의 거버넌스 유형화 작업에 따르면 공동 거버넌스(co-governance)에 해당된다. 위기 상황의 극복이라는 공동의 목적을 위해 서로의 정체성과 자율성을 거의 같은 비중으로 걸고 문제 해결에 나서고자 한다. 국가와 시민사회 간에 이뤄지는 의사소통 거버넌스, 공사 파트너십, 네트워크 레짐(network regime) 등에서 흔히 발견된다. 시민사회의 관점에서 보면 협력적 거버넌스 내지는 균형적 거버넌스로 규정된다. 제II 유형은 시민사회가 인식하는 위기 상황의 심각성 정도가 낮은 반면 정부의 대응에 대한 긍정적 평가는 높은 경우다. 상황이 별로 심각하지 않음에도 불구하고 정부가 적극적으로 대응하고 있어 고신뢰 상태이므로 정부를 믿고 시민사회로서는 소극적으로 대응하는 경우이다. 따라서 정부가 위기 대응을 주도하는 가운데 시민사회로서는 수동적으로 반응하고자 한다. 정부와 시민사회가 느슨한 결합에 안주하게 되는 경우다. 이린 유형의 느슨한 결합 상태에서는 정부의 주동성이 상대적으로 크기 때문에 수동적 거버넌스 내지 동원 거버넌스라고 말할 수 있다. Kooiman(2010: 83)의 유형화 작업에서는 계서적 거버넌스(hierachical governance)에 해당된다. 상명하달식의 개입이 주류를 이루고 있어 정부의 주동성이 보다 더 강화되는 경우 정부와 시민사회의 결합이 풀리면서 정부 친화적으로 수직적 중층 구조를 형성하게 된다. 포퓰리즘에 빠질 위험성이 커지는 이유이다. 제III 유형은 시민사회가 인식하는 위기 상황의 심각성 정도가 높고, 정부에 대한 긍정적 평가는 낮은 경우다. 상황이 심각함에도 불구하고 그에 대한 정부의 대응이 적절치 않다고 판단하기 때문에 정부에 대한 신뢰도가 낮다. 이럴 경우 시민사회가 스스로 위기 대응을 주도해 능동적으로 대처할 가능성이 커지게 된다. 정부와 시민사회가 시민사회 친화적으로 수직적 관계를 구성하는 만큼 시민사회 중심의 자율적 거버넌스를 형성하게 된다. 이 경우 정부와 시민사회는 느슨한 결합 상태를 유지한다. Kooiman(2010: 83)의 유형화 작업에 따르면 자율 거버넌스(self-governance)에 해당된다. 주로 정치적 자유주의자들이 선호하는 경향이 있으며 시민사회 자체의 자생력이 전제되어 있어야 한다. 제IV 유형은 시민사회가 인식하는 위기 상황의 심각성 정도가 낮고, 정부에 대한 긍정적 평가도 낮은 경우다. 상황이 심각하지 않은 데다가 그에 대한 정부의 위기 대응도 적절치 않다고 판단되는 경우임으로 시민사회로서도 소극적으로 반응하게 된다. 정부와 시민사회 모두 소극적으로 대응에 나서는 것임으로 위기 상황의 극복에 대한 적극성을 잃고 서로 간에는 무신뢰에 빠질 가능성이 크다. 탈결합하여 국가와 시민사회가 따로 활동하면서 위기 대응에는 무력하게 되는 경우이다. 거버넌스 자체의 구성이 외면되면서 상황 대응이 방임되는 결과를 낳는다. 방임적 거버넌스를 말한다.

이런 구조 속에서 수동적 거버넌스에서 능동적 거버넌스로 이동하기 위해서는 시민사회의 역할 강화가 결정적 요인으로 작용한다. 시민사회가 수동적 거버넌스 내지는 정부와 시민사회 간의 중층 구조를 견인하는 권력 엘리트로 하여금 구질서를 더 이상 옹위하지 말도록 압력을 가할 수 있어야 하겠기 때문이다.

제3장

한국의 사회문화적
특성과 국가

제3장

한국의 사회문화적 특성과 국가

1 저신뢰 사회와 면적 국가(flat state)

한 나라의 국민이 지니는 자기 나라 국가에 대한 인식은 그 나라의 역사와 문화, 건국과정과 정통성, 정치체제 등 다양한 요인에 대한 경험을 통해 형성된다. 이런 관점에서 보면 한국은 면적 국가(面的 國家)에 해당된다. 강명구(2007)는 Fukuyama(2004: 23)가 말하는 "IV 사분면형" 국가와 유사하게 한국의 국가는 관할 범위가 매우 넓지만 국가의 의지를 집행하거나 관철해서 사회가 수용하도록 하는 침투력은 상대적으로 약한 상태에 있다고 보고, 이를 "면적 존재(面的 存在)로서의 국가"라고 규정한 바 있다[1].

---

1) 이는 서유럽의 국가를 그의 침투력이 높다는 점에서 "송곳 국가"라고 별칭하는 것에 대한 대응적 개념으로 해석된다. 강명구와 달리 박광국·김정인(2020)은 한국을 국가의 범위와 힘이 모두 약한 것으로 평가해 Fukuyama(2004)의 "III 사분면형"에 해당하는 것으로 시사한 바 있다.

그런데 Fukuyama(2004: 21)는 국가의 범위(scope)를 국가의 기관이나 제도가 관장하는 기능이나 목표의 경계를 기준으로 파악하고자 한다. 공사의 구분이 명확한 서구사회에서는 법제적 차원에서 포착하는 국가의 범위가 국가의 실질적인 영향력 행사 범위와 크게 다르지 않을지 모르지만 한국과 같이 공사 영역의 구분이 명확하지 않은 곳에서는 국가의 비공식적인 영향력 행사까지를 감안해야 실질적인 영향력의 경계를 설정할 수 있다. 이는 국가의 힘(strength)의 경우에도 같다. 국가의 힘을 정책의 기획과 집행 능력 내지는 법률의 강제력 정도를 기준으로 파악하는 경우(Fukuyama, 2004: 22) 국가와 시민사회 사이의 이분법적 역할 구분과 양자 간의 역할 영역에 대한 계약관계를 전제하는 서구사회에서는 타당할지 몰라도 양자 간의 경계구분이 모호한 한국에서는 그런 국가 권력에 대한 시민사회의 수용성 정도를 함께 검토해 보아야 마땅한 일이다. 그런 점에서 Fukuyama의 지표는 서구문화 편향성을 내포하는 것에 다름 아니다. 이런 점을 감안하여 여기에서는 국가의 범위와 힘을 법률이나 제도의 차원이 아니라 실질 권력 행사에 따른 영향력의 범위를 기준으로 검토하고자 한다.

먼저 한국의 국가는 그 관할 범위가 매우 넓다. 국가의 범위가 넓은 이유는 그의 인식론적 원류를 조선왕조 이래 한국 사회를 관류해 온 유교에서 찾아볼 수 있다. 유교에서의 인민은 부모이자 교사인 군주 그의 대행자인 사대부가 보호해 주는 피동적 존재로 인식된다. 이는 태종실록 5권 태종 3년 6월 발해의 기록에서 매우 명료하게 규정되어 있다. 인민을 젖 먹는 갓난아이로 비유한 것이다

(최영진, 2008: 163-164). 이렇듯 국가를 가족주의의 프레임으로 투사해서 인식하는 태도는 이후 한국 사회를 관통하는 지배적인 사고 양식 가운데 하나로 자리 잡았다.

그런데 이런 가족중심적인 사고는 정부의 조직이나 기관의 공식적 차원과 비공식적 차원에서 양자 간의 경계를 모호하게 만드는 성질을 지녔다. 개인의 내밀성 영역이 가족이라는 중간지대를 통해 공적 관계로 확장되면서 공사 구분의 경계가 불명확하게 되고 나아가 국가로 확장된다. 유교의 경전 가운데 하나인 대학에서 말하는 수신제가 치국평천하(修身齊家 治國平天下)의 관점에서 국가를 인식하기 때문이다. 나아가 이렇듯 모호한 경계구분을 기화로 공적 권위의 실체인 국가의 간여가 가정을 비롯한 사회 전 영역으로 확산되는 결과를 낳는다(박재창, 2018: 414).

이렇듯 국가의 경계가 확장되는 데에는 조선왕조가 끝나고 아무런 사회적인 견제 장치가 마련되어 있지 않은 상태에서 시작된 일제의 식민통치가 국가에 의한 폭압체제를 도입한 탓도 있었다. 명목상 법치주의를 내세웠으나 법률의 경계 영역 밖으로까지 국가권력의 행사 범위를 확장하는 일이 일상화 했다. 그의 대표적인 것으로는 행정지도[2]를 들 수 있다. 행정지도는 국가의 사무 분장상 관할 범위가 아니더라도 국가가 간접적으로 영향력을 행사하여 자신의 의지를 관철하려는 것으로서 이 시대 이후 한국의 국정관리

---

2) '행정지도'는 행정기관이 그 소관 사무의 범위에서 일정한 행정 목적을 실현하기 위해 특정인에게 일정한 행위를 하거나 하지 않도록 지도·권고·조언 등을 하는 행정작용을 말한다(「행정절차법」 제2조 제3호). 행정절차법상 지도 대상의 임의적 협력을 전제로 하는 비권력적 사실행위에 속한다.

에 있어 하나의 관행처럼 자리 잡았다.

식민통치가 끝나고 해방이 되면서 한국은 매우 극심한 이념 투쟁에 휩쓸리게 되었다. 이후 동서 냉전이 사라진 오늘날까지도 자유민주주의 체제와 공산사회주의 체제가 이념 경쟁을 벌이는 지구촌 유일의 분단국가로 남았다. 이로 인해 일상의 일거수 일투족을 이념의 잣대로 재단하고 규정하는 일이 보편화되었다. 이념의 과잉 상태에서 이념을 빙의한 국가 권력의 영향력 행사 범위는 일상적인 국가 권력의 경계를 손쉽게 넘었다. 정부가 사실상 주도하는 다양한 형태의 관변 준정부 기구들이 이념 투쟁을 위한 동원 기구로 조직, 운영되었다.

정부 주도의 경제발전을 주축으로 하는 근대화 작업이 진행되면서는 대외경쟁력을 신장하기 위한 한국형 발전주의 코포라티즘(김경미, 2018)이 국가 권력의 행사 범위를 시장과 시민사회로까지 확장했다. 개발경제계획을 주도하는 정부의 고위관료와 대기업 총수 및 어용노조를 비롯한 관변조직의 대표들 간에 이뤄진 최혜적 네트워크는 부패의 일상화와 함께 국가 권력의 행사 범위를 사실상 무제한 확장하는 결과를 낳았다. 이 과정에서 등장한 군부 권위주의 체제는 무소불위의 국가 권력을 행사하면서 사실상 국가 권력이 미치지 않는 곳이 없게 되었다. 1987년의 6월 항쟁 이후 민주화 시대를 맞이했으나 국가의 영향력 행사 범위는 여전히 비대한 상태에 있다. 과거의 경제 개발주도 세력과 민주화 추진 세력 간에 벌어지는 진영 간 패거리 싸움이 지속되는 가운데 서로의 도덕적 우월성을 다투는 원리주의가 사회 전반을 압도하고 있다. 이런 진영 간 다툼은 집권 세력과 실권 세력으로 파워 엘리트를 양분하면서 87년 체제 이후 자생한 NGO마저 친정부 단체와 반정부 단체로 양분, 흡수하는 결과를 낳았다. 그 결과 국가의 영향력 행사 범위가 친정부 NGO를 매개로 하는 범사회적 영역으로까지 확대되는 결과가 되었다. 제왕적 대통령제와 함께 결속하는 경우 포퓰리즘의 등장을 우려해야 할 정도다(Jung, 2020: 4).

한국의 국가가 발휘하는 영향력 행사 범위는 이렇듯 법치주의의 경계를 넘는 것이 보통이다. 이로 인해 지구촌 어디에서도 그 유례를 찾아볼 수 없을 만큼 광범위한 영역에 걸쳐 국가의 영향력이 미친다. 이를 두고 Henderson(1968)은 한국 사회의 구조적 특성이 비공식적인 네트워크를 통해 공적 권위가 모든 것을 빨아들이는 "소용돌이의 정치(politics of the vortex)"에 있다고 보았다. 그러나 이런 기형적으로 비대해진 국가 권력의 행사 범위가 그에 걸맞는 사회적 침투력을 동반하는 것은 아니다.

먼저 여말선초 이래 조선왕조를 지배했던 성리학에서는 국정관리를 행정과제가 아니라 도덕교육 내지는 훈육의 업으로 여겼다. 이로 인해 국왕을 행정의 수장이라기 보다는 도덕적 규범의 징표로 삼고자 했으며, 관료는 행정보다 백성의 교화를 중시했다. 따라서 문무관료가 유능한 행정가라기보다는 백성을 가르치는 교사에 가까웠다. 누구나 도를 닦으면 군자가 될 수 있고 군자는 관직자가 되어 백성에게 인간의 도리와 예를 가르치는 걸 중요한 역할로 삼았다(김은희, 2020.07.17.). 상황이 이런 만큼 조선왕조에서는 도로건설이나 토목공사 같이 공익을 제고하기 위한 공공행정 프로젝트를 찾아보기 어려웠다. 이러니 도로는 물론 생산물을 유통, 보관하는 대규모 창고도 없었다(김은희, 2018.12.08.). 이런 철학 국가 내지는 사유 중심 국가에서 국책사업의 집행력이나 행정적 침투력을 기대하기 어려울 건 당연한 일이다.

조선왕조가 끝나고 등장한 일본의 식민통치 시기에는 근대적 행정관리체제를 도입하고 권위주의적인 양식으로 국정운영에 나섰으나, 식민종주국 대리인으로서의 중앙정부와 일반시민 사이에는 식민 지배자와 피지배자 사이의 넘을 수 없는 간극 외에도 보다 근본적으로는 문화적, 역사적, 인종적, 언어적 차이가 있어 국가의 권위에 대한 사회적인 수용성에는 원초적인 한계가 있을 수밖에 없었다.

준비 없이 맞이한 해방공간은 한국인이 자력으로 개척해서 국권을 회복한 결과가 아니라 타율적으로 주어진 것이었다. 그런 탓에 광복과 동시에 국가의 부재라는 현실에 내몰렸다(이대희, 2020: 11). 이후 한반도에는 자신의 의사와 관계없이 두 개의 국가가 설립되고 남쪽에 사는 주민과 북쪽에 사는 주민은 불가항력적으로 각각 서로 다른 정체의 구성원이 되었다. 남쪽에서는 미국이 주문하는 자유민주주의 체제에 따라 대한민국을 출범시켰으나 이는 "우리"가 "세운" 나라라기 보다는 외부의 도움으로 "세워진" 것이었다(최진석, 2020.09.01.).

이렇듯 주변국 변수에 따라 피동적으로 세워져 스스로의 정당성을 충족시켜본 일이 없는 "결핍 국가"는 단 한 번도 자신이 세운 국제전략에 따라 행동해 본 적이 없으며(이한우, 2002: 74) 극도의 사회적 혼란과 의식주의 빈곤으로부터 국민을 보호하지도 못했다. 근대 주권국가의 성립 요소라고 할 수 있는 상비군의 유지, 국가 자율 재정의 충족이 이뤄지지 못한 상태에서 정부의 유지와 운영을 미국의 경제 및 군사원조에 의존했다. 이런 극단적인 "궁핍 국가"는 상당 기간 동안 계속되어 경제개발 5개년 계획이 성공적으로 끝나는 1970년대 초까지 지속되었다. 따라서 국가 건설의 정통성 결핍, 재정 및 군사적 자립의 결여를 특징으로 하는 "취약 국가(최정운, 2016: 72-73)"가 국민들로부터 마음에서 우러나오는 동의와 지지를 받기 어려웠을 것은 당연한 이치이다.

무엇보다도 이 시대 한국 사회를 지배한 극단적인 이념 대립은 사실상 그 실체가 권력 투쟁에 있었다(이한우, 2002: 17). 이로 인해 사회주의 계열로 하여금 극단적인 반정부 색채를 띠게 했다. 이런 환경 속에서 일반 국민은 자기가 선호하는 사상이나 이념에 충실할 것을 강요받는 결과가 되었다(이대희, 2020: 17). 이런 이념 지향적인 또는 권력 투쟁 지향적인 사회에서 특정 이념에 기초한 국가를 그 반대 세력이 전폭적으로 지원하거나 지지하기 어려웠을 것은 당연한 이치이다.

특히 한국전쟁은 이런 이념 투쟁에 기름을 붓는 결과가 되었다. 그러나 보다 더 중요한 것은 전쟁을 거치면서 국가 지도자에 대한 불신이 누적되었다는 점이다. 전쟁 발발 한 달이 채 지나지 않아 지상군 작전권을 미군에 이양했으며, 서울 사수를 방송하면서 서울을 철수한 정부가 국민의 도강 수단인 한강다리를 폭파했고, 군수뇌부의 부패로 전쟁에 참여한 장병을 아사시킨 국민방위군 사건은 그런 정부의 한계를 상징적으로 보여주는 것이었다. 여기에 더해 취약 국가 특유의 피해망상과 과민반응이 국가에 대한 불신을 가중시켰다(최정운, 2017: 92).

전후 한국은 "냉동 국가"였다(최정운, 2016: 99). 전쟁의 폐해는 흡사 패전국 같았고 국가를 재건하려는 의욕이나 계획도 찾아보기 어려웠다. 국가 재건의 구체적인 기획이나 사업은 5.16 군사 혁명 후에나 제시되었다. 이때 국가 주도의 경제발전과 근대화 사업이 추진되었다. 근대적 의미의 국정관리 양식이 전정부적으로 소개된 것도 군인 정부가 들어선 이후였다. 그러나 성공의 과실로 경제적 여유가 생기자 역설적으로 민주주의에 대한 여망에 불을 지르는 결과가 되었다. 끊임없이 제기되어온 권력의 정당성에 대한 논의와 반민주 투쟁 세력에 의한 저항은 사회구성원을 체제 내 세력과 반체제 세력으로 양분하는 결과를 낳았다.

87년 체제가 등장하면서 민주화 시대가 열렸으나 이한우(2002: 38)에 따르면 심리학적 잠수병 증상이 사회를 압도하는 결과가 되었다. 갑자기 정신적으로 억눌렸던 압박에서 풀려나 자유의 몸이 되자 자신의 자유를 마구 휘두르고 타인의 자유를 훼손, 유린하는 현상이 등장했다. 경제발전 주도 세력과 반민주 투쟁 세력 간의 갈등과 대립이 지속되면서 민주 정부의 국정운영 능력에 대한 불신이 확산되었다.

이렇듯 국가에 대한 불신이 고조되어 있는 사회에서 국가가 정책 수용자를 상대로 효율적인 침투력을 발휘하기는 쉽지 않다. 한국인은 조성왕조와 일제 식민통치 기간인 20세기 전반기를 실체적으로 작동하는 국가가 없는 상태에서 살았고, 이후 해방과 건국, 한국전쟁, 경제발전을 통한 근대화 추진, 87년 이후의 민주화 이행기 같은 20세기 후반기를 마음 속의 나라 없음 속에서 살아온 셈이다(이한우, 2002: 18). 이런 상황 아래에서라면 주인 의식 결여와 피해 의식 심화가 사회적 병폐로 자리 잡을 것은 당연한 이치이다(이한우, 2002: 16). 이런 사회에서 국가에 대한 신뢰3), 사회 구성원 서로 간의 신뢰4)가 저급한 수준에 머물 것은 정한 이치나 같다. 이런 저신뢰 사회에서 국가의 침투력이 취약할 것은 물론이다. 한 번도 국민적 합의에 기초해 제국을 운영해 보지 못한 나라 한국은 성공적인 자기 통치에 이른 적이 없다(이한우, 2002: 55).

2 가족주의와 이중 국가(dual state)

그럼에도 불구하고 한국 사회를 지탱해온 근간 가운데 하나는 가족주의에 기초한 결속과 연대다. 그런 가족 간의 결속이 가장 강했던 조선왕조 시대의 가족은 유교의 영향을 받아 같은 할아버지의 제사를 공동으로 지내는 자손들로 구성되는 사회적 단위를 말했다. 특히 조선왕조 후기에 이르러서는 부자 관계를 중심축으로 하는 적장자 계승제가 강화되면서 유교의 종법제가 일상화되고 그

---

3) OECD가 실시한 정부신뢰도 조사에 따르면 한국은 2011년 27%, 2015년 34%, 2017년 24%, 2019년 39%로 35개 회원국 가운데 최하위권에 속한다(권수현, 2019.11.14.; 박형준·주지예, 2020: 2).
4) 한국인 스스로에 대한 신뢰도가 2016년 57.4%, 2017년 56.4%, 2018년 57.1%, 2019년 55.7%로 50%를 조금 상회할 뿐이다(Kye & Hwang, 2020: 2).

에 따라 문중이 득세했다. 이는 국가와 향촌 사족 지배체제 간의 협력관계가 와해되면서 향촌 사족의 지배권이 약화된 데에 따른 영향이 컸다. 국가와의 연결이 끊어진 사족 세력들이 생존 위기에 직면하자 기득권 방어를 위해 적극적으로 가족 중심 특히 부계혈연 중심으로 문중 세력을 결집하고 강화하고자 했다. 이로 인해 가족이 국가와의 관계에서 수평적 긴장 관계를 구성하면서 사회활동의 주요한 전략적 단위이자 인식 및 행위의 절대적 준거로 사회 전반에 자리 잡았다(권용혁, 2013a: 172).

특히 양반 계급을 중심으로 이런 현상이 일상화되었다. 문중 내부적으로는 동일한 성을 가진 사람들이 하나의 사회를 이루고 그 공동체의 장을 장자가 이으며 가족의 재산을 총괄했다. 이런 연유로 조선왕조 말기에는 가족이라는 개념이 부계 씨족, 친족집단 또는 씨족 공동체인 집과 혼용되었다(김동춘, 2020: 72). 이는 조선왕조 사회 구성의 기본 단위가 개인이나 가족이 아니라 가문이었음을 뜻한다. 한 사람의 남편과 한 사람의 아내로 조직되는 각각의 가족이 아니라 하나의 부부를 중심으로 생겨나는 몇 개, 몇십 개의 작은 가족으로 분화 전개한 모두를 포괄하여 일가라고 일컫는 대가문이 가족의 실체를 이루었던 것이다(다카하시 도루, 2020 : 44).

그러나 일본의 식민지배가 시작되면서 법적으로 모든 국민을 개인으로 호명하고 가족을 가장인 호주의 통솔하에 놓인 폐쇄적 원자로 다루게 되었다. 일제는 호주제도를 통해 한국의 사회 관습상 유지되어 온 문중 내지는 친족 질서를 호주를 정점으로 하는 원자화된 가족으로 재편하고자 했다. 이로써 가족은 국가와 수직적 관계에 놓이는 사회적 단위가 되었으며 다른 호주로부터 침범당하지 않는 배타적 지위를 갖게 되었다. 그러나 핵가족 내의 자녀와 부인의 지위가 개인이 아니라 호주에 종속된 존재였다는 점에서 보면(김동춘, 2020: 83-84), 개인을 위계적이고 차등적인 공동체 속에서 수동적으로 활동하는 존재로 다루는 유교의 가부장제가 여전히 반영되고 있었던 셈이다.

그러나 일제로부터 해방된 이후 1950~60년대에 이르러서는 전통적인 가족 관념이 도시를 중심으로 어느 정도 근대적 가족 의식으로 변화하기 시작했다. 특히 도시에서는 점차 친자 중심의 전통적인 문중 개념에서 벗어나 부부 중심의 근대적인 가족 개념이 확산되었다. 이런 변화는 연령이 낮을수록, 고학력과 전문직업군에 속할수록 뚜렷했다(권용혁, 2013: 211).

1960년대 이후에는 국가 주도의 산업화와 그에 따른 도시화가 진행되면서 씨족 사회의 붕괴가 가속화되고 부부 중심의 도시형 핵가족화가 주류를 이루었다. 박영은(1985: 6)은 이를 두고 "강요된 핵가족화"의 출현이라고 보았다. 타의적으로 생성된 핵가족화는 서구의 자생적 핵가족처럼 개인주의를 수반하지 않았다. 따라서 이 시대의 한국 가족은 전통적인 것도 그렇다고 해서 완전히 서구적인 것도 아닌 게 되었다(김동춘, 2020: 97). 그 결과 가족 내의 가치나 규범이 전통적인 것과 근대적인 것이 복합적으로 섞이는 결과를 낳았다. 다양한 가치관과 이념이 병존하는 중층성과 혼성성이 일상화했다. 전통적인 생활양식과 근대적 생활양식을 상황에 따라 취사선택하고 혼용하는 양가적, 혼성적, 중첩적 가족관이 형성된 것이다(권용혁, 2013a: 173).

1970년대 후반 이후에는 일부일처제를 중심으로 하는 혁신이 이뤄지면서 내용상의 핵가족이 구축되었다. 가족의 혼성성이 보다 더 분화, 강화되는 모습을 보이게 된 것이다. 그 결과 오늘날은 부부 중심의 핵가족을 토대로 직계가족과 일인가구가 상호 연계되는 형태의 느슨한 가족 유형이 대종을 이루게 되었다. 과거에 비해 가족 구성원의 개인화가 속도감 있게 진행되는 과정에 있다(권용혁, 2013a: 176). 도시 핵가족에서는 부계 혈연 중심의 직계가족 이념이 작동하고 있으면서도, 다른 한편으로는 부부 중심주의가 작동하여 매우 독특한 양식의 가족주의가 자리 잡았다.

산업화와 민주화가 한층 더 진행된 1990년~2000년대에는 가족 제도에 가장 큰 변화가 이루어졌다. 페미니즘이 활성화되고 다양한 형태의 가족 결합 형태가 사회적으로 표출되고 다문화 가족이 증가했다. 이로 인해 가족주의는 그 외연이 확장되고, 내포 또한 다양화되는 국면을 맞았다. 또한 SNS의 확산으로 개인의 정체성이 유연해지면서 폐쇄적 공동체로서의 전통적 가족주의가 약화되고, 개인은 자신의 정체성을 자유롭게 다원화할 수 있게 되었다. 지식 노동이 핵심인 사회로 이행하면서 남녀의 노동 구분이 사라지고, 이 과정에서 부부의 역할 분담보다는 '역할 공유'가 확장되었다. 기존의 복합성에 더하여 다문화적인 요소와 유연한 네트워크형 구조가 혼합되는 변화를 낳은 것이다(권성수, 2016.06.02.).

이로 인해 가족이라는 집단과 그 구성원으로서의 개인이 동시에 중시되는 양초점(bi-focalism) 사회를 불러왔다. 결국 오늘날의 한국 가족은 전통적인 가족제도가 점차 엷어지기는 하지만 여전히 지속되어 그 범위가 상대적으로 넓은 가운데 근대적 의미의 핵가족 구성원으로서의 개인이 중첩적, 융합적 복합구조를 이룬 상태에 있는 셈이다. 이는 문중의 경우 예전과 같은 결속력을 보여주는 것은 아니지만 적장자로서의 장손이 여전히 친족의 중심으로 활동하는 가운데 다른 한편에서는 문중의 개별 구성원인 독립적 개체로서의 개인들이 중심이 되어 종중회의를 구성하고 이들이 문중의 재산과 대소사를 관장하는 이중구조를 갖춘 데에서 확인해 볼 수 있다.

이를 사회구조적인 차원에서 보면 생존과 물질적 안정을 지향하고 폐쇄적이며 강한 응집력을 강조하던 전통적인 가족주의가 과거에 비해 점차 호소력을 잃어가고 있으나 결코 없어진 것은 아니며, 다만 개인으로서의 자기 자신이 추구하는 자유와 권리, 자아실현 등을 보다 더 중요시 하게 되었다는 뜻이다. 이로 인해 가족 구성원 간의 관계도 보다 자유롭고 수평적인 관계로 바뀌고 있다. 이렇듯 혈족의 범위는 사회 환경의 변화에 따라 유동적으로 변화하고 있지만, 생존과 생활의 준거점으로 작용해 온 전통적인 의미의 가족주의는 여전히 영향력을 미치고 있으며 한국 사회를 견인하는 핵심 동력 가운데 하나가 되어 있다(권성수, 2016.06.02.).

그런데 전통적인 의미의 가족주의는 그 의미 내용면에서 볼 때 정서적 가족주의와 배타적 가족주의로 대별해 볼 수 있다. 우선 정서적 가족주의는 가족이 이해관계의 축이라기보다는 정서적 연대와 감성적 귀향의 본거지임을 확인해주는 것에 다름 아니다. 가족이라면 무조건적이고 무한대적인 애정, 헌신, 희생을 감내하며 최혜적 대우를 마다하지 않는다. 이런 의식의 원류는 개인이 자기 가족의 다른 구성원에게 보내는 연민 나아가 자신을 가족과 동일시하는 데에서 오는 본능적 자기애라고까지 말할 만하다. 아니 그 이상이다. 이는 오늘날의 한국 사회에서 부모의 자식에 대한 헌신적인 교육열을 추동하는 원류이며 급속한 산업화, 근대화를 견인하는 초인적인 노력의 근인으로 작용해 왔다. 개인화, 산업화가 진행되고 사회적·물적 조건이 많이 바뀌었음에도 불구하고 이런 정서적 가족주의는 한국 사회의 가장 강력한 동력원 가운데 하나가 되어 있다.

그러나 이를 도구적 관점에서 보는 이들(박통희, 2004: 102 – 103)은 이기적 가족주의(egoistic familism)의 발로로 설명하고자 한다5). 가족에 대한 헌신이나 우선적 배려 같이 내집단 편향성이 공동체의 유익이나 사회의 일반적인 통념 또는 상식의 수준을 뛰어넘는 정도에까지 이르는 이유 가운데 하나는 가족을 노후의 사회보장 수단이나 재산의 보전 장치 등으로 여기는 데에서 비롯된다는 것이다. 가족에 대한 헌신이 결국은 자기 자신을 위한 것이라는 생각이다. 가족의 허물이 드러나는 걸 창피하게 여기는 것도 같다. 한국 사회가 체면을 중시하거나 또는 염치를 강조하는 이유도 바로 여기에서 비롯된다고 본다. 가족의 울타리 내에 있는 결함은 이를

---

5) 박통희(2004, 103)는 "가족우선성을 지키기 위해 비도덕적이고 불공정한 내집단 편향을 용인하는 신념을 가족이기주의"라고 보았다. 이를 정서적 가족주의와 등치시켜 다룬다는 뜻에서 여기에서는 이기적 가족주의로 표현하고자 한다.

모두 덮고 보호하며 지키고자 하는 데 이는 자신의 보호 수단이기도 하기 때문이다. 상쾌를 벗어나면서까지 사학, 언론, 기업 심지어는 교회까지 세습하고자 하는 이유이기도 하고, 북한 정권에 의한 국가 권력의 3대 세습도 여기에서 연유하는 것에 다름 아닌 것으로 해석된다.

반면에 배타적 가족주의는 가족 이외의 것에 대해서는 최빈적, 차별적 대우를 마다하지 않는 현상을 말한다. 이는 이기적 가족주의의 외집단 현상에 다름 아닌 것으로 해석된다. 가족 이외의 사회 구성원에 대해서는 의심하며 불신하고 폐쇄적 단절도 서슴치 않는다. 과거 조선왕조 후기에 문중 간의 경쟁과 긴장이 불러온 사회적 유제인 셈이다(권용혁, 2013a: 172). 이는 자연스럽게 국가와 가족의 관계를 단절론으로 보느냐 또는 연계론으로 보느냐의 문제를 제기한다. 단절론은 자신이 속한 가족 밖의 다른 가족, 집단 나아가서는 사회공동체와의 관계를 이분법적으로 구분해서 다루는 자세를 말한다. 자연히 긴장과 대립 및 충돌을 불러오기 십상이다. 조선왕조 후기의 문중이나 사림 간의 긴장 관계, 해방기 이후의 자유주의자와 공산주의자 간의 이념 대립, 군부 권위주의 체제 아래에서의 선성장론자와 민주화 투쟁 세력 간의 갈등, 87년의 민주화 이후 오늘날까지 지속되는 보수와 진보의 논쟁 등도 그 연원을 따지고 보면 조선왕조 이래 한국 사회를 지배해온 배타적, 외향적 가족주의 내지는 단절론에 기인하는 바가 크다. 내용상 불가피하게 구체적인 이해관계의 충돌이 있어 갈등과 대립이 발생한다기보다는 처음부터 타자에 대해 선제적으로 작정해둔 배타적, 차별지향적 감정이 갈등의 출발점이라는 뜻이다. 외부에 대한 배타적 감정을 동원함으로써 정서적 가족주의를 강화하려 한다는 점에서는 이기적 가족주의의 한 양식으로도 이해된다. 외향적 비토크러시(veto−cracy)가 내재되어 있다는 의미에 다름 아니다. 이로 인해 한국 사회에는 갈등과 대립이 체화되어 있다. 사회적 갈등지수가 세계 최고 수준에 이르는(최정운, 2017: 641) 이유이다.

반면에 연계론은 가족의 자연스러운 연장선상에서 국가를 발견한다. 사회학의 일반이론에 따르면 중앙집권적인 관료조직이 발달하면 친족 또는 혈연집단은 퇴조하거나 사라지는 것이 보통이다. 사회적 분업과 신분의 계층화가 진행되면 친족집단은 자녀 양육에 필요한 가족이나 기구로 축소되고 사적 영역과 공적 영역의 분리가 심화된다. 그러나 한국의 경우는 국가와 친족 또는 공적 영역과 사적 영역이 엄격하게 구분되어 있지 않을 뿐만 아니라 그 경계가 지속적으로 유동해 왔다. 조상과 후손을 동일시하는 혈연의식을 순수한 혈연 간 유대를 확장하여 친족 밖의 보다 큰 정치사회 공동체로까지 투사하는 까닭이다(김은희, 2020.07.09.).

이는 서구사회와 매우 다른 현상이다. 서구에서는 가정을 사적 영역이라고 보고, 정치는 공적 영역으로 구분하는 것이 보통이다. 그러나 성리학은 가족이 국가의 질서에 순응하는 신민을 길러내는 기초 장소이며 그렇기 때문에 가정을 준공적 영역에 해당하는 것으로 간주했다(권용혁, 2013a: 160). 국가의 관주도를 묵인하는 정서와 독재의 일상화, 사익 추구를 공론화 하지 못하게 하는 이중적 가치 태도, 민주화 운동 과정에서 보여준 양심적 지식인의 멸사봉

공의 자세 등이 바로 이런 국가와 가족을 연계론의 관점에서 접근한 결과로 해석된다(이승환, 2002: 62−63). 이렇듯 사회의 기본 구성 단위가 가족이고 이 가족의 관념적인 확대가 국가이자 사회공동체라는 인식은 가정이 예와 덕의 훈육장소라는 인식과 사익중심주의를 극도로 혐오하는 도덕관으로 인해 빚어지는 결과물로 이해된다. 율곡은 군주의 교과서인 성학집요 위정편 첫머리에서 '국가는 가정을 유추한 것이다'라고 밝혔다. 서경 주서 <패서>편에서는 오직 하늘과 땅은 만물의 부모이며 오직 인간은 만물의 영장이라고 말했다. 진실로 총명한 자가 임금이 되니, '임금은 인민의 부모가 된다'는 것이다(최영진, 2008: 156).

마루야마 마사오(1995)는 이렇듯 주자학의 패러다임으로 사회를 인식하기 때문에 한국 사회는 가로 축으로는 공이 사의 연장선상에 있고 그렇기 때문에 공과 사의 구분이 명확하지 않다고 보았다. 나아가 세로 축의 공적 영역이 사적 영역에 지배되는 이유라는 것이다. 자신과 집안일이라는 사적 영역과 나라와 세계를 운영하는 정치적 공간으로서의 공적 영역이 질적으로 구분되지 않을 뿐만 아니라 자신과 집안일을 잘하면 정치적이고 공적인 일도 잘할 수 있다는 낙관론이 자리 잡는다는 것이다. 이로 인해, 가족주의 입장에서 국가(state)와 세계(world)를 바라보는 이른바, "가족 국가" 프레임이 자리 잡게 되었다.

이런 가족관계를 규율하는 가족 도덕으로는 제사를 지내고 효를 실천하며 형제간의 우애를 지키는 것을 들 수 있다. 그런데 이 가족 도덕은 단순히 사적 관계를 규율하는 규범이 아니라 가족 밖의 사회질서를 유지하는 절대적, 공적 규범으로 인식된다. 또한 국가에 공헌하여 역사에 이름을 남기는 것이 부모에 대한 가장 큰 효도로 이해된다(최봉영, 1997: 189－190). 가족과 국가를 동일시한다는 뜻이다. 이런 가족중심주의의 강화 내지 가족 국가의 등장은 가족의 동심원적 공조를 강조하는 성리학의 공사개념과 연동되어 있다(최우영, 2006: 1).

따라서 한국 사회는 정서적 가족주의, 이기적 가족주의, 배타적 가족주의에 기초한 "가족 국가"가 사회공동체 인식의 핵심적 프레임이 되어 있는 셈이다. 그런데 1990년대 이후 전통적인 가족주의에 서구적 개념의 개인주의가 강화되면서 오늘날에는 현대적 의미의 "계약 국가"가 추가되었다. 이로써 "가족 국가"와 "계약 국가"가 복층을 이루었다. 서구사회는 원색적인 이기주의가 자멸적이고 자기 파괴적이라는 점에서 이기주의의 역설을 자각하고 이기심 문제를 해결하기 위해 타인과 계약을 맺고 그 계약을 준수하는 정신을 시민의 덕성이라고 보았다(황경식 외, 1996: 29). 이기심이라는 마음의 문제를 제도와 계약이라는 외적인 장치를 통해 해결하고자 한 것이다(최영진, 2008: 172). 그리고 그런 계약관계를 구현하기 위한 도구로 효율성을 담보한다고 가정한 것이 바로 현대적 의미의 행정 국가다. 따라서 한국인의 의식세계에는 가족 국가와 계약 국가가 중층구조를 이룬 "이중 국가(dual state)"가 자리 잡고 있는 셈이다.

3 동란 문화와 전환 국가(switching state)

한국의 역사는 전쟁의 역사라고 해도 과언이 아닐 만큼 지속적으로 외세의 침략에 시달려왔다. 전쟁으로 인해 국가의 존립이 위태로웠던 적이 한두 번이 아니고, 전쟁의 참화 속에서 국민의 삶은 피폐했다. 대륙세력과 해양세력이 한반도 지배권을 놓고 벌이는 주변 강대국들의 전쟁 결과, 나라가 망하거나 집권세력이 교체되는 일도 빈번했다. 최근에는 일본의 침략으로 인한 식민지배와 남북한 간에 벌어진 한국전쟁으로 인해 그 피해가 참으로 참혹했다. 이런 국난을 겪으면서 한국 사회에는 생존을 위해 이에 대응하는 사회문화적 단련이 거듭되었다. 한국인에게 있어 위기는 더 이상 예외적 현상이 아니라 일상의 연장인 까닭에(임상훈, 2020.12.11.) 독특한 위기 대응 양식이 누적, 체화되기에 이르렀다.

이런 한국인의 문화 코드에 배어 있는 위기 대응 능력을 동란 문화라고 한다면 가장 대표적인 것 가운데 하나로 "빨리빨리"와 "대강대강"으로 압축되는 생활 교훈을 들 수 있다. 전쟁은 어느 곳에서나 일상의 붕괴와 그에 따른 현재 상황의 모호성과 미래 전개 양식의 불확실성을 특징으로 삼는다. 따라서 신속하게 대응해야 살아남을 수 있다는 압박 속에 내몰리기 마련이다. 불확실성으로 가득 찬 전쟁통에서는 신속하게 대응하기 위해 꼼꼼하게 따지고 구체적인 사실 증거에 기반해 대처할 수 없다. 민첩하게 대응해서 상황 변화에 적응해야 하고 그런 만큼 증거기반 접근은 불가피하게 외면하는 위험을 무릅써야 한다. 그런 삶의 지혜를 체화해 왔다.

전쟁은 또 전통적 가족주의에도 영향을 미쳤다. 전통적 가족주의의 배타적 폐쇄성과 내향적 응집력이 외침이나 외부로부터의 위기에 조응하여 결집과 순응을 재촉하는 촉매제로 작용했다. 특히 지속적인 주변 강대국의 침략과 위협은 이런 가족주의의 특성을 내성 깊은 사회 문화로 계발하는 동인이 되었다. 내향적, 정서적 가족주의가 전란을 통해 거듭 강화되었을 뿐만 아니라 전쟁 같은 사회적 위기를 헤쳐나가기 위해서는 내집단 지향의 정서적 가족주의를 강화할 수밖에 없었다. 전란 속에서 내 가족을 지키려면 가족에 대한 무한대의 사랑과 헌신이 필요하듯이 그런 위기 상황을 극복해 나가기 위해서도 가족 구성원 간의 결속과 헌신을 한 단계 더 강화하는 일이 불가피했다. 이런 성향은 전쟁이 거듭되면서 국가가 결코 자신과 자신의 가족을 지켜주지 않는다는 불신이 쌓이면서 더욱 더 강화되었다. 믿을 건 결국 가족밖에 없다는 생각을 갖게 했던 것이다. 이 경우 가족에 대한 헌신과 희생은 정서적 가족주의를 강화하는 기반이자 동시에 도구이기도 한 양가적 성격을 지닌다. 배타적 가족주의도 같다. 거듭되는 위기를 겪으면서 가족 이외의 사회적 관계는 믿을 것이 못 되며 경계와 불신의 대상이라는 생각을 거듭하게 했다. 이런 배타적 가족주의가 위기 상황에서의 한국 사회가 더욱 더 높은 불안과 적대감에 시달리도록 했을 것은 물론이다.

그런데 전통적 가족주의 하에서는 가족이 "가족 국가"이기도 한 것이므로 국가 차원에서도 정서적 가족주의와 배타적 가족주의가 작동해 왔다. 가족 국가에 대한 정서적 가족주의와 연계론은 국가 위기 상황에서 국가에 대한 보다 강도 높은 희생과 보국정신으로 구체화 되어 나타나곤 했다. 이는 한국인에 체화되어 있는 위기 대응 양식이기도 하다. 일제 침략시 중국에서는 난징 대학살이 있었다. 그러나 중국인은 이에 대해 어떤 적극적 저항도 하지 않았다. 반면에 한국에서는 3·1운동 이후 의혈단 운동과 함께 자신의 목숨을 바쳐 일본 정부의 요인 암살에 나서는 의거가 거듭되었다. 정서적 가족주의와 배타적 가족주의가 작동하면서 상식을 뛰어넘는 희생과 저항이 거듭되었음을 뜻한다. 이는 국가의 위기 시마다 자신의 사사로운 이익을 뛰어넘어 희생과 헌신을 마다하지 않는 여러 사례에서 확인되고 있다. 대한제국이 일제에 흡수될 위기에 처하자 벌어진 1902년의 국채보상운동, 1997년의 외환위기 시에 있었던 금 모으기 운동, 2007년과 2008년에 걸쳐 태안반도에서 기름 누출사고가 발생하자 오염물 제거를 위해 나선 연인원 수백만 명의 자원봉사 활동 등을 들 수 있다. 이렇듯 개인의 사익을 희생하면서까지 국가와 집단의 정체성을 우선시하는 국가관 덕분에 유례없는 속도로 산업화와 민주화의 성취가 가능하기도 했다(성상덕, 2020: 1). 이는 국가의 위기 시마다 국가에 의존하지 않고 국민이 스스로 위기를 헤쳐나가는 "자율 국가(self-governing state)"의 등장을 말하는 것에 다름 아니다. 국가가 감당해야 할 역할을 국민이 스스로 대행한다는 점에서는 "환원 국가(auto-administrative state)"로의 전환을 말하는 것이기도 하다. 배타적 가족주의의 관점에서 보면 적국에 대한 적개심과 저항이 유별나다는 점을 들 수 있다. 이런 외적에 대한 저항과 적개심이 빈번한 외침과 국난에도 불구하고 나라를 지켜온 원동력 가운데 하나가 되었다.

정리해 보면 한국에서는 전통적 가족주의에 기초한 "가족 국가" 와 현대적인 가족관계에 기초하는 "계약 국가"가 복합적으로 결합 해 있다가(coupled) 전쟁과 같이 외부로부터의 충격이 주어지는 경 우 그 결합이 느슨해지거나 풀려 각자가 따로 놀기도 하고(losely coupled or de-coupled) 결속하여 혼성성을 더하기도 하면서 국가 가 처한 환경 변화에 조응해 왔다. 이렇듯 전통적 가족관과 현대적 가족관, 또는 전통적인 가족주의와 현대적인 개인주의가 상황에 따라 주도적인 위치를 서로 바꾸는 현상을 가족관계 연장체로서의 국가관의 관점에서 보면 "전환 국가"(switching state)로 정리된다.

제4장

한국의 코로나-19
대응 거버넌스

제4장

한국의 코로나-19 대응 거버넌스

1 한국의 코로나-19 대응 개관

2020년 1월 19일 한국에서 코로나-19 유증상자가 처음 확인된 이래 2020년 2월 둘째 주부터 2주마다 정기적으로 2020년 11월 25일까지 20차례에 걸쳐 한국리서치가 실시한 코로나-19 인식조사 결과와 존스홉킨스 대학의 각국별 코로나-19 일별 발생 현황을 토대로 구성해 보면 한국 사회에는 지난 1년 동안 코로나-19와 관련하여 대체로 3차례의 국면 전환이 있었음을 알 수 있다. 다음의 <그림 4-1>에서 보는 바와 같이 1월 19일 이후 비교적 소강상태에 있다가 2월 말부터 급증하기 시작하여 3월 3일 851명으로 고점을 찍은 이후 급속히 감소 추세를 보이다가 다시 8월 28일 441명으로 증가하고, 이후 줄어들다가 다시 12월 24일 1237명으로 최고점을 찍었다.

한국리서치가 조사한 위기 상황의 심각성 정도[6]와 정부 대응의 긍정성 정도[7]에서도 유사한 변화를 보였다. 3월 3일을 즈음하여 상황의 심각성 정도가 91%로 꼭짓점을 찍었고, 8월 28일 즈음해서는 다시 90%의 심각성 정도를 보였다(이소연, 2020.11.25.: 7). 반면에 정부 대응 평가는 3월 3일 즈음해 긍정성 정도가 42%로 최저점을 보였고 8월 28일 즈음해서는 긍정성 정도가 68%로 9월 중순의 67%를 제외하고는 3월 말 이후 최저점을 보였다(이소연, 2020.11.25.: 6).

따라서 이들 2개의 고점을 기준으로 여기에서는 편의상 2020년 1월 최초로 확진자가 포착된 이후 3월 3일 이전까지를 전기, 3월 3일 이후 8월 28일까지를 중기, 8월 29일 이후 연말까지를 후기로 나누어 보기로 한다.

---

6) "코로나-19 국내 확산 상황이 얼마나 심각하다고 생각하십니까?"라는 질문에 대하여 "매우 심각하다"와 "심각한 편이다"라고 대답한 경우를 합산한 것을 심각성 정도로 보고자 한다.
7) "대통령과 정부가 신종 코로나 바이러스 사태에 대해 대응을 어떻게 하고 있다고 생각하십니까?"라는 질문에 "매우 잘하고 있다"와 "대체로 잘하고 있다"는 대답을 합산한 것을 긍정성 정도로 보고자 한다.

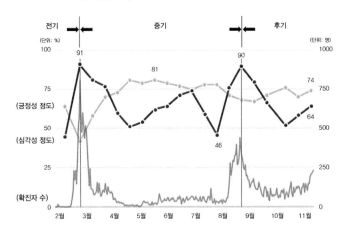

자료: 한국리서치(2020.11.25.)와 미국 Johns Hopkins University(JHU)의 Center for Systems Science & Engineering(CSSE)(2020.12.30.)이 운영하는 COVID−19 Data Repository의 데이터 정보를 참조하여 작성.

위의 변화를 보다 세분해 보면, 우선 위기 상황의 심각성 정도와 정부 대응의 긍정성 정도가 모두 5차례 교차한다. 전기에 해당하는 2월 11일−2월 13일과 2월 28일−3월 2일 구간에서 1차, 중기에 해당하는 3월 27일−3월 30일과 4월 10일−4월 13일 구간에서 2차, 7월 3일−7월 6일과 7월 17일−7월 20일 구간에서 3차(이 경우는 심각성 평가와 긍정적 평가가 1% 차이로 근접한다). 7월 31일−8월 3일과 8월 14일−8월 17일 구간에서 4차, 후기에서는 9월 11일−9월 14일과 9월 25일−9월 28일 구간에서 5차의 교차 현상이

목격된다.

이는 실로 다양한 양식의 거버넌스가 교차 형성되어 왔음을 말하는 것에 다름 아니다. 물론 MSF와 그에 따른 작동 원리를 계량화하거나 수리적으로 검증하는 것이 불가능할 뿐만 아니라 또 바람직하지도 않다는 주장(Zohlnhöfer & Rüb, 2016: 7)에서 보듯 거버넌스의 형성을 계량적 지표를 통해 유형화하는 작업이 타당하거나 또는 바람직한 것이냐에 대해서는 논쟁의 여지가 없지 않다. 그러나 그렇다고 해서 계량적 지표가 아무 것도 말해주지 않는 것은 아니다. 정교한 검증이 불가능할지는 몰라도 적어도 변화의 일반적인 경향성을 추정해 볼 수는 있다. 이런 관점에서 보면 우선 모두 50% 이상의 심각성 정도와 긍정성 정도를 나타내는 가운데 교차가 이뤄지고 있는 만큼 이들 시점을 전후하여 국가와 시민사회 사이에서 적극적 대응이 이뤄지고 나아가 협력적 거버넌스가 형성된 것으로 해석해 볼 수 있다.

전기에서 중기로 넘어가는 3월 3일부터 3월 27일 사이와 중기에서 후기로 넘어가는 8월 18일에서 9월 10일 사이에는 상황의 심각성 정도가 대응의 긍정성 정도를 압도한다. 따라서 이 기간에는 시민사회가 보다 적극적으로 대응하여 국가와 시민사회 사이에 시민사회 중심의 자율 거버넌스 또는 능동적 거버넌스가 이뤄진 것으로 평가해 볼 수 있다.

다만 전기인 발생 초기부터 2월 10일까지의 1차, 중기인 4월 13일 이후 8월 17일까지의 2차, 후기인 9월 29일 이후의 3차례에는 수동적 거버넌스가 자리 잡은 것으로 관측된다. 이 기간에는 상황의 심각성 정도가 대응의 긍정성 정도보다 낮았다. 상황의 심각성 정도와 대응의 긍정성 정도가 모두 50% 이하로 내려간 경우는 없으므로 방임적 거버넌스가 작동한 기간은 없는 셈이다.

이를 종합해 보면 전기의 비교적 짧은 기간 동안 수동적 거버넌스, 협력적 거버넌스, 능동적 거버넌스가 교체 등장하고, 중기에는 능동적 거버넌스, 협력적 거버넌스, 수동적 거버넌스, 협력적 거버넌스, 수동적 거버넌스, 협력적 거버넌스, 능동적 거버넌스로 연이어 교체되었음을 알 수 있다. 후기에는 능동적 거버넌스, 협력적 거버넌스, 수동적 거버넌스가 순서대로 등장했다. 따라서 위기 대응 집행 거버넌스의 내용상 변화가 빈번히 이뤄져 왔음을 알 수 있다. 존속한 기간을 중심으로 보면 수동적 거버넌스가 최대 206일, 능동적 거버넌스가 최대 49일, 협력적 거버넌스는 균형의 범위를 어디까지로 보느냐에 따라 달라지겠지만 균형의 범위를 상황의 심각성 정도와 대응의 긍정성 정도가 모두 5%의 범위 내에 있을 때로 가정한다면 최소 56일 정도로 추산해 볼 수 있다. 5차례의 협력적 거버넌스 가운데 2차, 3차, 4차는 조사기간 범주 내내 모두 5% 이내의 변화만을 보여 이 기간을 기산하고 여기에 1차와 5차는 5% 범위를 벗어남으로 가장 소극적으로 계산하여 각각 하루씩을 추산한 결과다.

따라서 2020년 일 년 동안 이들 세 유형의 집행 거버넌스가 서로 빈번히 교차하는 가운데 수동적 거버넌스, 협력적 거버넌스, 능동적 거버넌스 순으로 지속 기간이 길었다고 하겠다. 수동적 거버넌스가 내종을 이룬 것도 주목되는 일이다. 그런데 이를 시민사회의 차원에서 보면 가족 국가 프레임과 계약 국가 프레임이 상호작용하는 가운데 어떤 계기를 통해 다양한 거버넌스 양식으로 구체화되어 나타난 것으로 해석해 볼 수 있다.

2 위기 의식의 발로와 가족 국가 프레임

코로나-19는 다른 감염병과 달리 무증상 감염을 일으키는 데다가 세대에 따라 현격히 다른 치명률을 보여 질병 자체에 대한 두려움이 매우 크다. 여기에 더해 아직 치료제가 개발되어 있지 않아 대유행에 대한 지구촌의 두려움은 제3차 세계대전의 발발에 비견할만하다. 그런데 2019년 12월 중국의 우한에서 발병한 이후 2020년 1월 19일 한국에서 처음 유증상 환자가 포착될 때까지 코로나-19 감염병에 대한 구체적이고 과학적인 정보는 크게 알려진 것이 많지 않았다. 미지의 신종 바이러스 감염병에 대한 두려움이 가중될 수밖에 없었던 이유다.

여기에 더해 2015년 3월에 발생한 메르스 감염병 확산 때 한국 정부가 보여준 대응 태세에 대한 기억은 또 다른 감염병의 확산을 앞두고 불안감을 증폭시키기에 부족함이 없었다. 당시 정부의 대응은 신속하지도 않았고 적절하지도 않았다. 첫 확진자가 나온 지 무려 14일이 지나서야 처음으로 민관협동 긴급 점검회의가 열렸고, 보건복지부는 낙타를 동물원에서나 겨우 볼 수 있는 나라에서 국민에게 낙타와의 밀접 접촉을 피하라거나 멸균되지 않는 낙타유나 낙타 고기를 먹지 말라고 조언했다. 더욱 심각한 것은 정부의 통제였다. 질병관리본부가 감염경로나 발병지역 공개를 기피했다. 시민의 불안과 공포가 커졌고, 자발적으로 SNS를 통해 정보를 공유하면서 유언비어와 가짜뉴스가 쏟아졌다. 이런 상황이 잘 관리되지도 않았다. 그 결과 세계에서 두 번째로 많은 감염자와 사망자를 냈다(최인수 외, 2020: 200). 정부에 대한 불신이 클 수밖에 없는 이유다.

이번에도 정부의 초기 대응은 적절치 않았다. 국경 봉쇄에 대한 국민의 요구가 빗발쳤으나 대만과 뉴질랜드와는 달리 중국에서의 입국자를 봉쇄하지 않았고 초기 대응이 신속한 것도 아니었으며 심지어 마스크를 쓸 필요까지는 없다는 조언을 내놓기도 했다. 대구 경북지역에서의 확산이 계속되는 가운데 대통령은 대응 정책의 완화를 시사하기도 했다. 자연히 정부의 방역 능력에 대한 우려가 확산되고 그에 따라 정부에 대한 불신이 사회적인 불안으로 연계되었다. 정부가 확실하고 일관된 대응책을 제시하지도 못하면서 감염 현황을 발표하는 등 대 국민과의 관계에서 투명성을 유지하자 그것이 오히려 두려움을 키워 불신과 혼란을 유발하는 요인으로 작용했다. 여기에 더해 원래 한국 사회의 면적 국가로서의 국가에 대한 신뢰는 지속적으로 낮은 상태가 유지되어 왔던 터였다(천관율, 2020.06.12.).

이렇듯 질병에 대한 두려움과 국가에 대한 불신이 겹치면서 국민들로서는 전란과 같은 위기 의식이 발동했을 것은 자명한 이치이다. 일상적으로 저신뢰 상태인 면적 국가로서의 계약 국가와 가족 국가가 결합 상태에 있다가 코로나−19의 확산으로 인한 외부

충격이 가해지면서 급격히 양자가 느슨한 결합 내지는 탈 결합으로 전환하는 전환 국가 현상이 나타나게 된 이유이다. 이는 능동적 거버넌스가 전면화하게 되었다는 의미이기도 하다. 이에 따라 시민사회가 국가에 의존하거나 피동적으로 흐름을 타고 기다리는 것이 아니라 보다 적극적으로 감염병 대응의 전면에 나서는 현상이 범사회적으로 확산되었다.

의료 서비스 차원에서는 국민이 자발적으로 드라이브 스루, 워크 스루, 의료기관과 생활치료센터의 분리 운영 등에 대한 혁신적인 아이디어를 연이어 내놓고 실제 운영에 나섰다. 감염자 추적을 위해 필요한 카드회사와 은행의 정보 공유, 개인 소유 CCTV와 자동차 블랙박스 기록물 공개, 재난지원금 지급 등 현장 대응에 신속히 정부와 협력하고 공조했다. 비약학적인 면에서는 사회적 거리두기와 마스크 쓰기 및 손 씻기 같은 개인위생 준수에 적극적으로 호응했으며 대구지역에서는 심지어 정부가 권장하기도 전에 시민이 스스로 사회적 거리두기에 나서거나 외출을 삼가는 등 자발적 자가격리가 확산되었다(임혁백, 2020: 7). 중앙정부의 방역 마스크 생산 및 공급 요청에 중소 제조기업이 자발적으로 시설 확충 등 적극 호응에 나섰으며, 대구·경북 중심의 1차 유행 당시 의사와 간호사가 모자란다는 호소에 아무런 대가 없이 자원봉사에 나서는 의료진이 쇄도했다. 심지어 자신의 개인병원을 잠시 휴원하고 참여하는 의사도 있었다. 이에 감동한 대구의 게스트하우스 운영자는 의료진에게 무료로 숙소를 내놓기도 했다.

정부가 진단(test), 추적(trace), 치료(treatment), 신뢰(trust) 확보

로 압축되는 4T 정책을 모색했다고 하나(박기수, 2020: 37–38) 이는 시민의 적극적인 호응 없이는 효과를 내기 어려운 일이다. 미국을 비롯한 서유럽 국가에서는 모두 ID 카드 추적, 개인 프라이버시의 침해, 영장 없는 이동추적, 개인 데이터 수집 등을 반대하지만 한국에서는 이에 대한 수용성 정도가 높았다. 가족 국가의 관점에서 보면 확장된 가족으로서의 사회가 누리는 안전과 건강을 위해서라면 자신의 자유를 제한하는 일에 주저해야 할 이유가 없던 것이다. 마스크 쓰기도 시민 스스로가 주도해 나갔다고 해도 과언이 아니다. 위기 발생의 초기 단계에서는 정부에 대한 불신 때문에 자신의 건강은 자기가 지킨다는 뜻에서 정부의 소극적 대응에도 불구하고 적극적으로 마스크 쓰기에 나섰다가 점차 위기 상황의 일상화가 지속되자 염치 또는 체면 때문에 마스크 쓰기를 당연시하게 되었다. 무엇보다도 마스크를 안 쓰는 경우 가족이 감염에 노출될 수 있다는 위기의식이 마스크 쓰기를 부추겼다. 이는 내향적 헌신과 배려를 특징으로 하는 정서적 가족주의의 발로에 다름 아니다. 사회적 거리두기도 같다. 자신의 건강을 보호하려는 것보다는 공동체 전체에 퍼트리지 않음으로써 가족의 건강을 지키려는 동기에서 적극적으로 거리두기에 나섰다(임혁백, 2020: 8).

마스크 쓰기가 중요한 방역 지침으로 정해지면서 마스크 품귀사태가 발생하자 정부는 공적 마스크 판매제도를 도입했다. 그러나 마스크의 판매 및 재고 현황, 약국의 위치 등에 관한 정보가 공유되지 않아 구매자의 불편이 컸다. 이를 알려주는 마스크 앱을 시민들이 스스로 개발하여 자체 정보 공유 네트워크를 운용했다. 이를 위해 6개의 정부 부처 및 공공기관, 동우회를 비롯한 민간 개발자, 기업, 일선 현장의 약사 등 여러 민간인들과 정부가 공동생산에 나섰다. 정부가 공개하는 원천 데이터를 일반시민들이 수집 가공하여 정보를 제공하는 환경을 구축하고, 앱을 개발하는 등 협력적 거버넌스를 시민 주도로 운영했다.

"이주민과 함께" 같은 이주민 인권옹호 단체들은 스스로 나서 정부의 방역 지침을 여러 나라의 언어로 번역하여 홈페이지나 이주민 커뮤니티를 통해 공유했다. 이주민들의 피해상황을 파악하는 실태조사에 나서고 차별 없는 재난지원금 지급을 정부에 요구하는 일에 나서기도 했다. 전국장애인차별철폐연대는 대구·경북지역에서 환자가 폭증하는 동안 자가 격리된 장애인을 위해 긴급구호품을 스스로 모으고 직접 생활지원에 나섰다. 입원환자에 대해서는 돌봄 서비스를 제공하고, 대응 매뉴얼이나 생활 수칙을 개발하여 공유하기도 했다. 이태원 클럽을 중심으로 성소수자를 매개로 하는 수도권 유행의 우려가 커지자 성소수자 인권옹호활동을 펼쳐왔던 수십 개의 단체들이 자발적으로 나서서 성소수자긴급대책본부를 만들고 방역본부와 소통하면서 검진을 독려하고 인권침해 상담을 진행한 사례도 있다(김명희, 2020: 70−71).

이렇듯 정서적 공감을 토대로 하는 자발적인 노력이 범사회적으로 발현될 수 있었던 데에는 한국 사회의 저변 환경도 긍정적 요인으로 작용했다. 한국은 남북의 대치로 인해 군복무가 의무화 되어 있다. 이로 인해 대부분의 남성들이 군복무와 민방위 훈련을 통해 집단을 위한 희생정신, 전우애, 위기 대응 매뉴얼 및 가치관 등을 훈련받아 공유한다. 문자해득률 98%를 과시하는 높은 교육 수준도 국민들이 합리적, 적극적 대응에 나서도록 유도하는 근인 가운데 하나다. 중국발 황사 먼지로 인해 평소에도 마스크 쓰기에 노출되어 있어 코로나−19로 인한 마스크 쓰기가 낯설지 않았고 순응하기에 어렵지 않았다. 감염자에 대한 밀착 추적과 관련 정보의 공유를 위해 SNS와 앱을 활용하게 되지만 이는 이미 긴급재난이나 교통체증 등 일상 속에서 사용하고 있던 사회적인 소통 메커니즘인 만큼 일반인에게 전혀 낯설지 않았다. 한국은 일상 속에서의 정보통신기기 활용이 전세계에서 가장 앞선 나라 가운데 하나다. 마스크, 진단 키트, 열화상기, 항바이러스 필름, 페이스 실드 등 우수한 품질의 방역제품을 국내에서 직접 생산하기 때문에 이들의 조달이 원활하다는 점도 긍정적 요인 가운데 하나다. 특히 진단 키트의 개발이 신속히 이뤄져 초기 방역에 기여한 바 큰 데 이는 정부가 주문하기 전에 민간기업이 선제적으로 개발에 나선 결과였다.

그런데 코로나−19 같은 감염병의 확산은 정서적 가족주의가 지향하는 추상적 사회공동체에 대한 애정과 헌신을 고양하는 한편 구체적 이웃에 대한 경계와 위험 의식도 함께 강화하는 성질을 지녔다. 질병으로부터 벗어나려면 사회공동체 전체의 협력이 필요하지만, 그 협력에 참여하는 사람 자체가 감염의 숙주로 작용하기 때문이다. 감염병은 그것 자체로서 정서적 가족주의와 배타적 가족주의를 함께 확장하는 성질을 지닌 셈이다. 혈연집단에 대한 신뢰는 정서적 가족주의를 강화하면서 혈연집단 이외의 낯선 사람이나 이웃에 대해서는 불신을 재촉하는 배타적 가족주의가 활성화되나는 뜻이다. 이는 한국리서치의 정기조사 결과 코로나-19로 인해 한국 국민에 대한 신뢰도가 21% 증가하는 반면 낯선 사람에 대한 신뢰도는 36% 낮아진 데에서 확인되고 있다(천관율, 2020.06.02.).

이런 정서적 가족주의와 배타적 가족주의 사이의 간극 현상은 대표적으로 마스크 쓰기에서 나타났다. 그동안 한국에서는 마스크 쓰기에 95%의 높은 참여율을 보여 왔다. 이렇게 되는 데에는 내 가족을 질병으로부터 지키자는 정서적 가족주의 내지는 가족 국가 의식이 작용하는 탓도 있지만 그보다는 방역이라는 공동체 전체의 중요한 싸움에 참여하고 있다는 상징적 신호를 타인에게 보내고자 하기 때문으로 해석된다(천관율, 2020.12.22.). 이는 내 가족 이외의 외부 세계에 대한 불신에서 비롯된다. 내가 가족 이외의 세계에 대해 최빈적 대우를 일삼는 것처럼 그들도 내게 최빈적 대우를 거듭 할 것이기 때문에 예방적, 방어적 관점에서 비난과 질책을 받게 되는 빌미를 제공하지 않으려고 보다 더 열심히 마스크 쓰기에 동참 한다는 뜻이다. 체면이라는 사회적 압력 때문에 마스크 쓰기에 열심히 참여하는 것에 다름 아니다. 반면에 한국리서치의 정기조사에 따르면 마스크 안 쓰는 사람에 대해 정부가 처벌해야 한다는 데에 89%가 지지하는 것으로 나타났다(천관율, 2020.12.22.). 이는 모두가 마스크 쓰기에 동참하기를 독려하려는 것이라기 보다는 나와 내 가족은 당연히 마스크 쓰기에 앞장설 것이므로 마스크 쓰기에 협조하지 않는 이가 있다면 이는 내 가족 밖에 있는 이들이고 그런 만큼 그들에게 책임을 묻는 것은 나와 상관없는 일이며 그런 만큼 그들에게 책임을 지우는 일은 너무나도 당연하다는 생각인 것이다.

이렇듯 자신 또는 내 가족 밖에 대해서는 최빈적 대우를 일삼은 각자도생의 태도는 배타적 가족주의의 발현에 다름 아니다.

이렇듯 내 가족 밖에서 방역 실패의 책임 소재를 찾고자 하거나 방역에 따른 비용의 부담을 전가함으써 무임 승차하려는 경향은 사회적 거리두기에서도 발견된다. 나와 내 가족의 건강을 지키기 위한 사회적 거리두기는 사회의 여러 곳에 부담을 지우며 구현된다. 소상공인에게는 재정적인 압박을 지우고 예배에 참여하고자 하는 종교인에게는 종교의 자유를 침해하며 정치적 발언에 나서고자 하는 집회참가자들의 입장에선 집회결사의 자유와 충돌한다. 그러나 배타적 가족주의에서 연유하는 "나 아니면 돼!" 또는 각자도생의 정신은 이들에 대한 사회책임 의식이나 부담 공유의 배려를 찾아보기 어렵게 한다. 한국리서치의 정기조사 결과에 따르면 소상공인, 자영업자, 비정규 노동자 같은 사회적 거리두기의 희생자들에게 재정지원을 추가하자는 제안에 대해 일본의 경우 72%가 지지하는 데 반해 한국은 45%만이 지지하는 것으로 나타났다(천관율, 2020.12.22.). 신천지 교회나 사랑제일교회 사태도 그들이 질병 확산의 근원지 가운데 하나가 되었다는 점은 부각되어도 그들이 누려야 할 대면 예배의 권리가 침해되는 것에 대해 사회가 배려하거나 공감하려는 자세는 찾아보기 어렵다. 8.15 문대통령 하야 투쟁시위나 민노총 데모에 대해서도 이를 차단하거나 비난하는 것을 방역 활동으로 정당화하면서 그들이 누려야 할 집회와 결사의 자유에 대해서는 냉담하기만 하다. 이들 교회나 시위대의 경우도 자신들의 내향적 이해관계나 권리에 대해서는 주창하면서도 사기 공동체 밖의 사회공동체 전체에 대한 책임에 대해서는 무감각하다.

K-방역의 성과를 자랑해 온 정부가 정작 코로나-19로부터 벗어나는 지름길 가운데 하나로 여겨지는 백신 확보에 늑장 대응함으로써 허둥대는 이유 가운데 하나도 백신 확보가 자기 공동체 외부에 대한 최빈적 대우를 일삼는 배타적 가족주의 프레임과는 역행하는 과제인 탓이다. 백신은 사회공동체 전체의 면역력 증진을 통해 질병을 종식시키려는 것인 만큼 각자도생의 정신과는 정면으로 배치된다.

이렇듯 남에게 책임을 전가하려는 경향은 사회적 거리두기로 인해 확대 재생산되는 경향도 있다. 사회적 거리두기는 개인이나 가족으로 생활반경을 제한하는 결과 가족 밖의 타인으로부터 유입되는 정보의 차단을 불러오고 이는 균형있는 정보의 공유를 깨뜨리는 결과를 낳는다. 인터넷 같은 정보통신기기를 통해 외부 정보에 접한다고 하지만 인터넷 필터링 효과가 발생하면서 기존의 성향에 영합하는 정보만 취사선택하여 긍정적 피드백을 거듭하면서 반향실 효과(echo-chamber effect)를 낳는다. 기성의 신념과 믿음을 증폭시킨다는 뜻이다. 이를 집단의 차원에서 보면 집단 극단화 현상을 낳는다(최인수 외, 2020: 254-255). 기성의 질서를 확대 재생산하면서 종당에는 자기 동굴로의 칩거 내지는 편견의 울타리를 쌓게 된다. 이는 다시 극단적인 팬덤의 양산으로 이어지게 된다. 배타적 가족주의의 심화를 말하는 것에 다름 아니다.

무엇보다도 중요한 것은 정부와 시민사회의 관계나 정부의 방역 전략 및 시민사회 내부에 모순과 갈등 등이 있더라도 이를 일단 제

처두고 외면하고자 하는 마음이 시민사회 내부에 흐르게 된다는 점이다. 사회적 위기 상황에서 배타적 가족주의는 내 가족 밖의 사회 시스템과 그에 내재되어 있는 모순과 하자는 이를 일단 제쳐놓고자 하는 경향성을 지녔다. 시스템 전체는 자신이나 내 가족이 당면한 문제가 아닌 만큼 위기 상황에서 이를 다룰 이유가 없고 그런 만큼 일단 당면한 위기에 집중하기 위해서는 현재의 시스템을 유지해서 더 이상의 혼란이나 위험 부담을 줄이는 지혜가 필요하다고 보는 것이다. 이를 "시스템 정당화의 심리"(천관율, 2020.06.12.)라고 한다면, 이로 인해 정부의 대응을 일단 수용하고 지지하려는 경향성이 커지게 된다. 현존하는 시스템을 개선하기보다는 일단 유지하면서 우선 위기를 극복하자는 욕구가 커진다는 뜻이다(천관율, 2020.06.12.). 2020년 4월 15일 치뤄진 21대 국회의원 선거에서 여당이 전체 의석의 3분의 2 이상을 확보해 대승한 결과는 정부에 대한 신뢰의 표시(Moon, 2020: 4)라기 보다는 권력의 이동과 분산에 따른 위험 부담을 최소화하려는 소극적 대응의 결과로 해석되어야 하는 이유다. 여당의 대승은 강요된 선택의 결과이지 자발적 평가나 선택의 결과가 아니라는 뜻이다(천관율, 2020.06.12.). 질병의 불확실성과 불명확성으로 인한 두려움이 정부에 대한 불신을 압도한 결과다.

실적주의와 계약 국가 프레임

위기가 일상화되자 가족 국가가 계약 국가로 전환하는 현상이 급물살을 탔다. 협력적 거버넌스나 수동적 거버넌스가 전면화하는 이유이다. 나와 이웃 나아가 사회공동체 전체가 공동 운명체라는 가족 국가 의식이 면적 국가로서의 계약 국가가 지니는 한계에 대한 보완 장치로 작동하면서 국가에 대한 신뢰를 회복하고 국가의 침투력를 강화했다. 이는 코로나−19의 대유행 이후 나오는 조사들에서 정부에 대한 신뢰가 전반적으로 높게 나타나는 데에서 확인된다(천관율, 2020.06.12.). 이를 계약 국가의 관점에서 보면 국가가 국민과의 약속이라고 할 수 있는 국민의 안전과 건강을 지키는 일의 전면에 나섰음을 뜻한다.

그 결과 2020년 12월 현재 누적 검사횟수 475만 3278회, 누적 격리자수 113만 8461명, 현장근무 자원봉사 의료진으로 의사 2509명, 간호사 3327명, 간호조무사 907명 참가, 공항검역 확진자수 2431명, 임시선별 조사 확진자수 1567명이라는 실적을 낳았다. 이 과정에서 드러난 방역 행정의 효율성도 높았다. 피검자 대비 확진자 비율이 이집트 70%인 데 반해 한국 약 1%대를 유지했고, 확진자 대비 사망자 비율을 나타내는 치명율도 영국, 프랑스, 이탈리아, 벨기에, 네델란드 등 많은 수의 유럽 국가들이 10% 이상을 보여주는 데 반해 한국은 2% 내외에 그쳤다(문명재, 2020: 43).

이런 성과를 낼 수 있었던 데에는 4T 전략이 주효했다. 먼저 진단(test) 활동과 관련해서는 코로나−19의 유전자 염기서열이 확보

된 1월 중순 이후, 진단 키트의 신속 개발이 이뤄졌다. 이는 메르스 사태에서 얻은 교훈의 결과 질병관리본부와 식품의약품안전처가 신속 승인절차를 마련해 두었기에 가능했다. 긴급사용승인제도를 통해 통상 약 80일이 걸리는 진단 키트 승인 기간을 일주일로 단축했다. 코로나−19의 빠른 확산성을 감안하면 신속 대응이 관건인데, 진단이 그런 억제정책의 첫 번째 유효 도구일 것은 췌언을 요하지 않는다. 진단 키트의 확보는 바이러스에 대한 통제 도구가 확보되었다는 의미에 다름 아니다.

진단에 대한 사회적인 호응도를 높이는 데에는 광범위한 무료검사의 실시와 함께 다양한 형태의 혁신적인 선별진료소를 근린 생활권에 설치한 것도 주효했다. 진단 검사 현장의 주치의들이 내놓는 다양한 아이디어를 정부가 즉각 수용해 전국에서 운용하도록 했다. 드라이브 스루, 워크 스루, 오픈 워크 스루 등이 대표적인 사례다(위은지, 2020: 11). 미국, 일본, 캐나다, 독일, 네덜란드 등이 드라이브 스루를 미국, 인도, 이스라엘 등이 워크 스루 제도를 도입해 갔다. K−방역이 지구촌의 코로나−19 대응을 선도하는 상징처럼 여겨지기 시작한 일이다.

진단의 실시가 현장성을 요구한다는 점에서는 지방자치 단체 중심의 권역별 대응 전략을 채택했다. 현장 밀착적이고 분권적인 접근이 가능하도록 시군구별 보건소 1개 이상, 총 254개소를 전국에 걸쳐 최초 확진자 발생 후 8일만에 설치 완료했다. 이는 지자체의 대응 능력과 지역사회의 높은 소명의식을 반영하는 것에 다름 아니다(노홍인, 2020: 33).

이런 진단을 통해 특정 지역을 봉쇄하거나 이동 제한 조치를 취하지 않고서도 신속하게 확진자를 추적해(trace) 격리함으로써 코로나-19의 확산을 통제했다. 정보통신기기와 역학조사를 융합해서 핸드폰 위치 추적, 신용카드 및 교통카드 사용 내역, CCTV 자료, 차량의 블랙박스 정보, QR 코드 등을 통해 확진자의 동선 추적에 나섰다. 격리자에 대해서는 앱을 통해 모니터링하고, 필요하다고 판단될 때에는 의사와 연결하거나, 지정된 장소를 이탈할 때에는 스마트폰 경보음이 울리도록 하여 즉각 격리상태로 복귀하도록 경고하는 시스템도 갖추었다. 세계 최고의 감염병 역학조사라고 자찬할 만큼 빠르고 정확하게 추적하고 감시했다. 이는 메르스 사태의 경험을 살려 감염병 예방 및 관리에 관한 법률을 통해 역학조사에 필요한 정보의 제공을 가능케 하고, 통신사와 카드사는 방역 당국의 요구에 따르도록 의무화했기 때문에 가능했다. 다만 통신 위치 데이터의 경우는 위치 정보 및 이용 등에 관한 법률에 따라 경찰관서의 승인을 거쳐 정보를 이용할 수 있게 했다. 이를 위해 클라우드 기반의 온라인 역학조사 지원 시스템이 개발되었다. 확진자의 동선 파악을 위해 사회적 연결망을 통한 불특정 다수 관련 정보의 공개권을 지방정부에 부여했다. 시민의 사생활과 일부 사유재산권 침해를 감수하면서까지 공동체 전체에 대한 감염병 방지 전략을 채택한 것이다(소진광, 2020: 60). 이런 추적조사가 가능케 되는 배경에는 높은 스마트폰 보급률, 데이터 수집 및 활용 능력, 통신사와 카드사 간의 체계적인 업무 협력 시스템과 함께 질병관리본부의 헌신적인 노력, 국토부, 과기정통부, 보건복지부, 감사원 등의 적극적인 협력과 협조가 있었다(김수정, 2020: 73).

치료(treatment)와 관련해서는 초기 대구 신천지 사태 때 의료접근성 저하 및 의료전달체계 미흡으로 혼란을 겪었다. 그러나 헌신적인 의료진과 우수한 의술 덕분에 이를 극복하고 희생을 줄일 수 있었다. 의료진이 제안한 생활치료센터 개념을 받아들여 병상 부족 현상에 대응하기도 했다. 병원이 아닌 외부시설에 격리 치료가 시급하지 않은 무증상 환자나 경증환자 치료 시설을 설치 운영하도록 한 것이다. 이로 인해 입원 대기중인 중환자수를 줄이고 제때 치료할 수 있는 환경이 조성되었다. 정부가 운영중인 생활치료센터는 중앙사고수습본부 직할 4곳, 전국 지방자치단체 12곳 등 모두 16곳이며 수용 정원은 3478명으로 2020년 11월 30일 현재 2168명이 입소해 있다(신대현, 2020.12.02.).

전체 확진자의 치료성과도 높았다. 이는 의료진과 관계 공무원의 헌신적 기여에 힘입은 바가 크다. 초과근무의 일상화가 반복되었으나 이를 모두 감내했다. 위기 상황에 대응하는 동란 문화가 발현된 것에 다름 아니다. 2015년의 메르스 사태에서 얻은 경험도 크게 기여했다. 사회 일반에는 잘 알려져 있지 않지만 메르스 사태 대응에 대한 반성 결과 음압병동 증설과 역학조사관 증원, 진단키트 개발을 위한 민간 협력 체제의 강화, 필수 의료물자의 비축, 대응 매뉴얼의 개발 등이 이뤄져 있었다(문명재, 2020: 44). 무엇보다도 발달한 의료시설과 의료기술, 전국민 의료보험체계가 치료성과의 토대가 되었다. OECD 국가 중 최고의 혁신적인 의료복지전달체계로 인해 환자의 의료비 부담을 최소화하면서도 접근성이 높고 효율성이 커 만족도도 높았다.

그러나 이 모든 대응 활동의 토대는 정부와 국민 간의 신뢰 (trust)를 확보하는 데 있다고 보고 이를 위해 다양한 노력을 기울였다. 2015년 메르스 사태 때 보건당국이 국민과의 위기관리 커뮤니케이션에 실패하면서 문제를 키웠다는 반성에서 확진자 이동경로 및 바이러스에 대한 정확하고 투명한 정보를 제공함으로써 방역당국에 대한 사회적인 신뢰를 얻고자 노력했다(박기수, 2020: 37-38). 정부가 제공하는 정보가 믿을 만하다는 인식이 확산되면서 정부에 대한 신뢰가 상승하고 코로나 관련 가짜뉴스나 루머를 차단하는 효과가 발현됐다. 매일 두 차례 실시되는 브리핑이 질병관리본부에 대한 사회적인 신뢰를 높이는 요인으로 작용했으며, 재난문자 서비스는 국가가 재난 상황을 잘 관리하고 있다는 믿음을 주는 효과를 동반했다. 사회 시스템과 국가에 대한 인식을 긍정적으로 바꾸는 성과가 발생한 것이다(최인수 외, 2020: 222).

정부에 대한 일반 국민의 가장 효율적인 신뢰 유발 요인이 가시적인 방역성과의 축적에 있을 것은 췌언을 요하지 않는다. 위기의식의 발로에 따른 가족 국가의 기여와 그에 따른 초기 성과로 방역실적이 축적되면서 정부에 대한 신뢰가 제고되고 그에 따라 중기 이후 시민사회와 국가 간 수동적 거버넌스 체제가 구축되어 국가에 대한 개인의 자유 유보 승인 범위가 보다 더 확대되는 변화도 낳았다. 이런 대 정부 신뢰 흑자 현상은 코로나-19 대응 이후 정부의 발표에 진정성을 느낀다거나 정부에 대한 믿음이 늘어났다고 보는 사람이 많아졌다는 데에서 확인된다. 나아가 공공의 역할에 대해서도 연쇄적으로 신뢰 반응을 낳았다. 더 나아가 대한민국 국민으로서의 자부심에도 긍정적인 영향을 끼쳤다. 코로나-19를 겪으면서 한국이 다른 나라보다 더 발전했다고 느끼는 경우가 65.1%였다. 과제의 성격상 불안감이 커질 수밖에 없는 상황에서도 정부의 명확하고, 신속한 정보의 공유가 이를 잠재울 수 있었다(최인수 외, 2020: 204).

제5장

코로나-19 대응 집행
거버넌스의 성과

코로나-19 대응 집행 거버넌스의 성과

1 가족 국가와 사회자본

지난 일 년간 있었던 한국의 코로나-19 감염병 대응을 조감해 보면 가족을 사회 구성의 기본 단위로 삼는 가족 국가에 더해 개인을 사회 구성의 기본 단위로 삼는 계약 국가를 인식의 틀 삼아 상호작용하는 가운데 다양한 양식의 거버넌스를 형성해 왔다. 발병 초기에는 계약 국가가 가족 국가를 선도하는 수동적 거버넌스로 대응하다가 신규 확진자가 늘면서 계약 국가와 가족 국가가 비슷한 비율로 공조하는 협력적 거버넌스로 대응하지만, 상황이 진정되지 않으면서 다급해진 가족 국가가 계약 국가의 전면에 나서는 능동적 거버넌스로 전환한다. 위기 상황이 진정되면서 다시 협력적 거버넌스를 모색하고 상황이 보다 더 안정되자 수동적 거버넌스로 대체한다. 이 상황이 상당 기간 유지되지만 신규 확진자가 반등하는 기미가 보이자 협력적 거버넌스로 대응하고 다시 상황이 안정되면서 수동적 거버넌스로 전환한다. 신규 확진자가 늘자 협력적 거버넌스로 전환하고 상황이 급속히 악화되자 다시 능동적 거버넌스로 대응한다. 위기 상황이 진정되면서 다시 협력적 거버넌스로 나아가서는 수동적 거버넌스로 대응하는 변화를 보였다. 2020년 11월 25일까지의 상황이다.

여기에서 드러나는 특징은 국가의 힘, 즉 상황 제어력이 상대적으로 부족하다고 평가되어 온 한국의 계약 국가, 그의 구체적 구현체인 면적 국가가 상당히 효과적인 위기 대응 능력을 과시했다는 점이다. 국제 학술지 '네이처'에 따르면 2020년 9월 1일 현재 45개국의 인구 34억 명 중 5%에 해당하는 사람이 코로나 바이러스에 감염된 것으로 나타났으며 이 가운데 국가 별로는 한국의 코로나 감염률이 0.06%로 가장 낮고, 남미 페루는 62%로 가장 높았다(이영완, 2020.11.03.). 면적 국가가 주도하는 수동적 거버넌스가 지난 일 년 가운데 대부분의 기간을 유지했음에도 불구하고 이런 성과를 낳았다는 점에 주목해 보면 면적 국가의 취약점이라고 할 수 있는 사회적인 지지와 신뢰의 부족이 가족 국가를 통해 보완되었기 때문이라고 여겨진다. 이는 보통 때와는 달리 국가가 위기에 처했다는 상황인식이 한국 사회 특유의 가족 국가 의식을 불러오는 전환 국가 현상이 발동했기 때문이다. 이는 상황이 심각해질 때마다 수동적 거버넌스나 협력적 거버넌스가 능동적 거버넌스로 전환하여 가족 국가가 전면에 나서면서 신규 확진자 수가 진정되고 있다는 사실에 의해서도 확인된다. 세계가 주목하는 K-방역의 성공 요인은 이렇듯 한국 사회 특유의 가족 국가 의식에서 비롯된다.

이때 가족 국가가 시민참여의 인식론적 프레임이라는 점에 주목해 보면 가족 국가는 한국 사회 고유의 사회자본에 해당된다. 유사한 것으로 천관율(2020.06.02.)은 한국의 코로나-19 방역 성공 요인으로 "민주적 시민성"을 제시한다. 그런데 민주적 시민성은 사회 구성의 기본 단위를 가족 국가와 달리한다. 서구에서 사회적 안정이나 민주정의 토대로 간주되어 온 민주적 시민성은 개인을 사회 구성의 기본 단위로 삼는다. 냉철하고 이성적인 판단과 합리적 선택을 통해 국가에 반응하고자 한다. 그렇기 때문에 그 운영의 실제에 있어서는 개인 중심의 이기주의에 빠지기 쉽고 권리는 누리면서도 그에 상응하는 의무는 다하지 않는 불균형에 노정되기 일쑤다. 이를 극복하기 위해서는 법률과 계약이라는 차가운 관계 도식으로는 충분하지 않고 공동체적인 헌신을 필요로 하기 마련이다(최석만, 1999: 24). 가족 국가는 바로 그런 헌신과 희생을 통해 정서적이고 감성적인 연대를 강조하고 또 그에 의해 추동된다는 점에서 민주적 시민성과 대비된다.

가족 국가는 또한 Putnam(1995)이나 Fukuyama(1997)가 말하는 "사회자본"과도 다르다. Putnam(1995)은 사회 구성원들의 상호이익을 증진시키기 위해 필요한 조정과 협력을 촉진하기 위해서는 네트워크, 규범 그리고 사회적 신뢰가 필요하다고 보았다. 사회 구성의 기본 단위를 개인으로 간주하기 때문에 각각의 개인이 추구하는 자기 이익 우선성을 수렴하고 그것들 사이의 조정과 타협을 지향하고자 한다. 그렇기 때문에 그 과정에서 야기되는 전환비용을 최소화하려면 네트워크, 규범, 사회적 신뢰가 필수적 과제라고 보았다. 그러나 가족 국가 의식은 국가 사회 전체를 하나의 가족으로 보고 그에 대한 헌신과 기여를 말하는 것임으로 사회통합과 결속을 지향한다는 점에서는 같을지라도 그의 작동 메커니즘은 근본적으로 서로 다르다. 특히 Fukuyama(1997)는 사회를 '고신뢰 사회'와 '저신뢰 사회'로 구분하고 신뢰가 정치·경제·사회·문화와 어떤 관련성이 있는지를 살펴보고자 했다. 한국을 대표적인 저신뢰 사회 가운데 하나로 보고 그 원인을 한국의 가족주의에서 찾았다. 가족주의 아래에서는 모든 사회생활이 가족을 기본 단위로 구성되고 그 안에서 개인의 정체성, 소속감, 이해관계를 추구하게 되며, 가족의 범위를 넘어서는 개인이나 집단은 신뢰하지 않는다는 것이다. 그 결과 가족 내에서는 높은 수준의 신뢰가 형성되어 있지만, 사회 전체적으로는 신뢰 수준이 낮아 경제 사회 발전의 취약 요인으로 작용한다고 보았다. 따라서 한국과 같은 저신뢰 국가가 경제적 발전과 정치적 민주화를 달성하기 위해서는 사회자본의 축적이 필수적 과제이며, 이를 위해 유교의 가족문화와 상하 질서를 강조하는 사회문화를 극복해야 한다는 견해를 내놨다. 배타적 가족주의의 폐해를 극복해야 한다는 주장에 다름 아니다. 그러나 이런 견해는 정서적 가족주의는 두말할 것도 없고 배타적 가족주의도 사회적 거리두기나 마스크 쓰기 같은 방역의 일상 속에서 긍정적 요인으로도 작용하는 측면이 있을 뿐만 아니라 특히 위기 상황에서는 사회적 결속을 촉진하고 전환비용을 감축하는 등 위기 극복의 동인으로 작용할 수도 있다는 사실을 간과한다. 결국 Fukuyama의 저신뢰사회론은 서구적 편견을 토대로 한국의 가족주의를 평가한 것에 다름 아니다.

2 전환 국가와 맥락적 거버넌스

효율적인 국정관리를 위해 정부의 신뢰받는 지도력이 필요하다는 것은 췌언을 요하지 않는다. 특히 코로나-19 같은 범사회적인 위기 상황에서는 절대적으로 요청되는 일이다. 정부 지도자에 대한 신뢰 여부가 국가와 시민사회 사이의 협력을 결정하는 핵심 요인으로 작용하기 때문이다(Kauzya, 2020: 4). 그러나 이 말은 절반은 맞고 절반은 틀렸다. 국가의 지도력에 대한 사회적인 신뢰와 시민사회의 호응도는 순비례의 관계에 있어서 국가에 대한 사회적인 신뢰도가 높을수록 국가의 지도력에 대한 시민사회의 호응과 협력의 정도도 높아져 협력적 거버넌스의 형성 가능성이 커지는 것은 사실이다. 그 반대의 관계도 같다. 국가에 대한 신뢰 정도가 낮을수록 협력적 거버넌스의 형성 가능성은 낮아진다. 이런 상황은 위기의 심각성 정도가 낮을수록 발현 가능성이 크다. 위기 상황의 심각성 정도가 낮아져 일상적인 상태에 이르는 경우 국가에 대한 신뢰도가 낮으면 시민사회의 국가에 대한 호응도도 상대적으로 낮아진다. 방임적 거버넌스 유형이 잘 설명해주는 경우다. 그러나 위기 상황의 심각성 정도가 높을 경우에는 사정이 달라진다. 위기 상황의 심각성 정도에 비춰 국가에 대한 신뢰도가 낮을 경우 시민사회가 그냥 방관하거나 낮은 호응도만 보이는 것은 아니다. 능동적 거버넌스에서 보는 것처럼 시민사회가 국가를 선도해서 위기 상황의 극복을 위해 적극적으로 나설 수도 있다. 아니 국가에 대한 불신이 클수록 시민사회의 위기 대응에 대한 적극성은 커지게 된다.

이는 코로나-19 방역을 위한 한국의 대응 과정에서 여실히 드러났다. 위기 상황의 심각성 정도가 높고 국가에 대한 신뢰도가 상대적으로 낮은 상황에서는 오히려 시민사회가 주도하는 능동적 거버넌스가 작동하면서 위기 상황을 진정시키고 있다. 코로나-19 사태의 초기에서 중기로 중기에서 후기로 넘어가는 결정적 순간에 능동적 거버넌스가 작동하면서 시민사회가 위기의 심화를 막아내고 있다. 한국이 방역 정책 집행 과정에서 누리는 높은 신뢰도가 코로나-19 대응 성공의 핵심적 요인이라는 설명(Klingebiel & To/rres, 2020: 4)이 적지 않다. 그러나 그런 신뢰는 과연 어디에서 연유하는 지를 물어야 한다. 특히 위기 상황에 돌입하기 이전 상황의 면적 국가로서의 한국 정부는 늘 신뢰 적자에 시달려온 터였다. 위기 상황에 돌입하면서 취약했던 국가의 힘, 즉 정책 집행력을 강화시켜준 정부 밖의 외부 요인이 무엇인지를 찾아 답해야 한다. 그런 점에서 가족 국가 프레임은 매우 호소력 있는 설명 변인에 다름 아니다.

이렇게 되는 데에는 한국 사회 특유의 전환 국가 현상이 발현되고 있다. 한국에서는 심각한 위기 상황이라고 판단되는 경우 거버넌스에 대한 인식론적 프레임이 계약 국가에서 가족 국가 중심으로 반전한다. 이런 현상이 가능한 이유는 전통적 가족주의로 인해 공사 영역의 경계가 불분명할 뿐만 아니라 가족 국가의 경계가 유동적으로 확장하면서 계약 국가를 흡수하는 변화를 낳기 때문이다. 가족 국가 중심으로 계약 국가와 느슨한 결합을 이룬다는 뜻이다. 능동적 거버넌스의 등장을 말하는 것에 다름 아니다.

따라서 거버넌스 형성의 초기 단계에서는 어느 정도의 위기 상황인가 또는 어떤 맥락인가를 판단하는 일이 중요하게 된다. 그러나 거버넌스에 관한 일반이론은 아직 이에 대해 정교한 이론화 작업을 진전시켜 놓고 있지 않다. 기존의 거버넌스에 대한 일반이론을 조감해 보면 거버넌스는 일반적으로 내생적 변증법을 통해 과학과 정치의 융합, 국가와 시민사회의 상호작용 등이 이루어지는 인식론적 프레임으로 이해되거나(Carmel, 2019; Fawcett & Daugbjerg, 2012), 법과 제도의 실체 차원에서 파악하는 법제 차원(Eom, 2012; Kornhauser, 2004), 의사결정 과정의 한 양식으로 이해하는 행태론적 차원(Gorgulhoa et al, 2015; Maharaj, 2009), 나아가 일선 현장에서 관측하는 때에는 서비스 전달의 한 양식(Irene, 2018; Ahmad, 2008)으로 파악하는 것이 대종을 이룬다. 그러나 이런 거버넌스 관계를 구축하기 이전 단계에서 국가와 시민사회가 서로 협력적 관계를 구축해야 하는 것인지의 여부, 구축한다면 어느 정도의 결속력을 지향해야 하는 것인지의 과제, 즉 거번먼트에서 거버넌스로의 이동이 불가피한 것인지의 여부, 국가와 시민사회가 결합해야한다면 어느 정도의 결합을 필요로 하는지 등을 판단하고 선택하는 전략적 판단의 단계(strategic judgement)를 거쳐야 한다는 점에 대한 논의가 결여되어 있다. 이렇듯 전략을 판단하는 단계를 맥락적 거버넌스라고 한다면 맥락적 거버넌스 단계를 기존의 서버넌스

에 대한 논의에 추가해야 한다는 뜻이다.[8]

3 이중 국가와 문화론적 접근

한국과 같이 가족 국가와 계약 국가가 공존하는 이중 국가는 일반적으로 양자가 혼재하는 혼성형 이중 국가와 양자가 어떤 시점을 계기로 어느 한쪽이 다른 한쪽을 압도하는 전환형 이중 국가로 구분해 볼 수 있다. 전자는 Lewis(1965)의 이중 경제론(dual economy)에서 찾아 볼 수 있다. 이중 경제론은 도시 공업 지역과 지방 농촌 지역 사이의 격차와 이중성이 저발전의 핵심이라고 보고자 한다. 후자로는 Morgenthau(1962)의 이중 국가론(dual state)을 들 수 있다. 그에 따르면 미국의 경우 법치주의에 따라 작동하는 정규 국가 계서제(regular state hierachy)가 가시적이라고 한다면 그의 배면에는 이를 감시하는 안보 계서제(security hierachy)가 있어 민주적인 정치과정을 제한해야 할만큼 보안상의 위기라고 판단되는 때에는 정규 국가 계서제의 전면에 나서 그의 의사결정에 실질적인 거부권을 행사한다고 보았다.

그런데 지금까지 대부분의 이중 국가론은 혼성적 이중 국가를 당연한 것으로 여기고 논의를 전개하는 까닭에 이중 국가는 불합리하고 역기능적이며 발전에 장애적인 요인으로 평가되어 왔다. 전통문화나 규범이 근대적 법치주의와 충돌함으로써 의사결정의

---

8) 기존의 맥락적 거버넌스(contextual governance)에 대한 논의는 주로 문화적 환경(OECD, 2013)이나 조직의 성격(Zainon, 2013) 차이에 따른 거버넌스의 변화를 다루는 것이 보통이다.

준거율에 혼선을 가져와 저발전을 불러오는 핵심 요인이라는 평가가 대표적이다. 그러나 한국의 이중 국가가 코로나-19의 방역 같은 위기 대응에서 긍정적인 영향력을 효과적으로 발현하는 데에는 가족 국가와 계약 국가의 관계가 혼성적 이중 국가가 아니라 전환형 이중 국가의 관계를 구축한 데 따르는 영향이 크다. 특히 위기 대응 시에는 계약 국가에 가려 있던 가족 국가가 전면에 나서는 전환 국가 현상이 자리 잡음으로써 효과적인 감염병 통제에 유리하게 작용했다.

이 가운데 가족 국가와 계약 국가가 서로 비슷한 비중으로 간여하는 협력적 거버넌스는 혼성형 이중 국가와 유사한 문제를 동반할 가능성이 크다. 협력적 거버넌스에는 가족 국가와 계약 국가가 어느 한쪽에 치우치지 않고 정치적 선호와 전문가적인 판단을 균형있게 반영한다는 의미를 함축한다. 그런 점에서 민주정체의 요구에 가장 근접하는 것으로 여겨지지만 운영 실제에 있어서는 구현하기 어려운 주문일뿐만 아니라 그렇기 때문에 당위적이고 규범적인 구속 요인을 내포한다. 양자가 균형점을 지향하는 경우 어느 한쪽도 상대를 압도하기 어려운 만큼 서로의 입장을 조율하는 과정에서 필요로 하는 시간 경과와 이견 조정에 따른 학습 비용의 지출이 신속한 대응을 요구하는 위기 관리시에는 부정적 요인으로 작용할 개연성이 적지 않다. 위기 대응에는 어느 한쪽이 주도권을 쥐는 능동적 거버넌스나 수동적 거버넌스가 오히려 유리하게 작용한다는 뜻이다.

그런데 이렇듯 이중 국가를 형성하는 가족 국가와 계약 국가의 관계를 역사 문화적 관점에서 보면 "비동시성의 동시성(the simultaneity of the non-simultaneous)" 현상에 다름 아닌 일이기도 하다. Bloch(1977)는 바이마르 시대 독일의 정치문화에는 프러시아 권위주의 시대의 전근대와 바이마르 헌법으로 대표되는 근대적인 자유민주주의가 현재의 시간에 공존한다면서 이런 "비동시성의 동시성" 현상은 다중적 시간뿐만 아니라 다공간 차원에서도 일어난다고 보았다. 한국의 경우 흔히 서구적 근대성과 비서구적 전근대성을 같은 시간대에 등치시킴으로써 사회적 갈등의 근인 내지는 만악의 출발점처럼 간주해 왔다. 그러나 서구적 근대성과 비서구적 전근대성이 등치적 결합을 풀고 느슨한 결합이나 탈결합함으로써 전환 국가의 양식을 취하는 경우 전근대의 인식 프레임이나 가치가 근대의 현실 문제 해결의 효율적인 대안일 수도 있다는 사실을 코로나-19 대응 과정이 증명해 주고 있다. 전근대의 유산인 가족 국가가 근대의 면적 국가로서의 계약 국가가 지닌 한계를 보완하는 핵심적 변인으로 작용해 주었기 때문이다. 마스크 쓰기에 협조하지 않는 등 서구의 개인주의가 공동체주의를 무력화하는 핵심 요인으로 작용하는 데 반해 한국의 경우는 전근대적인 가족주의적 연대와 결속이 공동체주의를 유지하는 데 필요한 비용부담의 책무를 손쉽게 수용하는 기제로 작용했다. 비동시성의 동시성은 시간 변인을 차등적으로 적용하는 전환 국가의 핵심적 구성요인으로 작동하고 있음을 알 수 있다. 이를 가족주의가 전통문화의 유산이라는 관점에서 보면 위기 대응 거버넌스에서의 문화적 변수가 지니는 중요성을 일깨워주는 것에 다름 아니다.

이런 관점에서 보면 Fukuyama(2020)가 감염병 대처의 성공 요인으로 지적한 국가의 역량(state capacity), 국민의 신뢰(peopel's trust), 지도력(leadership) 등은 필요조건일지는 몰라도 충분조건은 아니다. 한국의 경우 가족 국가 의식이 성공적인 대응의 결정적 요인으로 작용하고 있기 때문이다. 따라서 문화적 변인의 중요성에 주목하지 않을 수 없다. 이런 관점에서 한국의 방역 성공 요인을 유교의 권위주의와 상명하달식 계서제에서 찾는 이들이 있으나 이는 유교적 가족주의에 대한 피상적 관찰이 빚어낸 오류에 다름 아니다. 같이 유교에 기반을 두는 것이기는 하지만 한국의 가족 국가는 오히려 수평적 포용력과 헌신성에 방점을 두고 이해해야 마땅한 일이다.

이렇듯 한국의 방역 성공이 한국 사회 고유의 문화유산에 기인하는 만큼 이를 다른 나라가 복제하기는 쉬운 일이 아니다. 흔히 진단, 추적, 치료, 신뢰 확보의 4T를 통한 대응 전략이 주효했다고 평가하지만 이들 모두는 한국 사회 특유의 가족 국가 의식이 받쳐주지 않았다면 제 역할을 다하기 어려웠다. 같은 이치로 위기 상황에서는 잦은 전쟁 경험을 통해 축적된 전환 국가 의식이 가족 국가로의 전환을 촉진하는 기제로 작동한다는 점도 다른 나라로서는 결코 쉽게 이식하거나 복제할 수 있는 일이 아니다. 위기 대응 집행 거버넌스를 문화론적 관점에서 접근하는 연구가 코로나-19 사태를 계기로 보다 더 확장되어야 하는 이유이다(He et al, 2020: 254).

4 정보사회와 능동적 거버넌스

구조적 모순에 따른 위기 상황은 합리적, 이성적 판단과 과학주의 및 법치주의에 의존하는 계약 국가만으로는 효율적으로 대응할 수가 없다. 위기 상황이라는 의미 자체가 정부의 대응력이 내재적 한계에 이르렀다는 말에 다름 아니다. 따라서 국가의 일방주의를 통해 관리될 수 없는 상황을 말한다. 이는 분권주의, 공사 파트너십, 시민참여 같은 다른 차원의 메커니즘에 의해 보완되어야 한다는 주문에 다름 아니다. 이런 상황은 고체사회에서 액체사회로 이동하면서 보다 더 심화되고 있다. 질서와 법칙을 강조하는 고체사회의 구조가 무너지고 보다 유동적, 역동적으로 변화하면서 일원주의, 법치주의, 선제적 대응 등에 의존하는 정부의 역할은 취약해질 수밖에 없다. 급속히 판이 바뀌고 유동하는 네트워크 사회에서는 의미와 정체성의 안정을 보장하는 구조가 무너지고 급속히 변화하는 만큼 의사소통의 흐름에 의존하는 일이 불가피하게 된다. 권위의 원천이 다원화한다는 뜻이다.

이런 변화로 인해 시민사회의 역할에 대한 요구의 비중이 커지지 않을 수 없다. 이 점은 특히 시민사회의 역량이 과거와는 크게 다르기 때문이기도 하다. 정보사회의 도래 이후 시민사회를 구성하는 개인들이 과거보다 훨씬 더 효율적으로 사회 현상을 장악하고 판단하며 반응할 수 있게 되었다. 대표적인 것으로는 개인들의 의사소통 흐름과 정보의 공유 및 확산이 보다 더 신속 정확하게 되었다는 점을 들 수 있다. 코로나-19 대응과 관련하여 계약 국가가 시도한 4T 가운데 어느 것도 정보통신장치의 지원을 받지 않은 것이 없다. 면적 국가의 취약한 침투력이 바로 이런 정보통신기기에 의해 지원, 확장되었다. 여기에는 당연히 그런 정보통신기기에 반응하는 국민 개개인의 정보 관리능력이 혁명적으로 개선된 데에 기인하는 바 크다. 권위의 원천이 다원화하면서 어느 누구도 일방주의를 강요할 수 없는 사회환경이 이뤄진 것이다. 정보사회가 일상화되어 있는 한국 사회이기에 가능한 일이다.

이런 정보사회는 국가와 시민사회 사이에서 권력의 이동을 추동하기도 한다. 거버넌스의 등장은 일반적으로 신자유주의 체제의 등장 이후 정부의 권한을 시민사회로 이양하거나 공유하는 과정에서 발생하는 것으로 이해된다. 그러나 코로나-19의 대응 과정에서 드러난 국가와 시민사회의 관계는 면적 국가의 권한이나 침투력 내지는 관할권을 시민사회로 이전하는 과정에서 발생하는 현상이 아니다. 시민사회 내부에서 자체적으로 생성되는 자율적 자기지배력의 강화에서 비롯된다. 이미 선취되어 있는 참정권의 부활이 아니라 새로운 참정권의 생성을 말한다는 점에서 기존의 신자유주의의 철학적 배경을 토대로 논의되는 거버넌스 이론과는 차원을 달리한다. 기성의 국가와 무관하게 자체적으로 발생하는 자구적, 자생적 역할의 발휘를 말하는 것이기 때문이다. 계서제를 네트워크로 대체하거나 중앙집권적 국가 권력을 분권적 거버넌스로 전환해서 생기는 일도 아니다. 아니 한국의 경우는 침투력 강한 과관료체제가 선취되어 있다고 볼 수 없는 상황에서 발생하는 시민사회의 보완적 역할에 다름 아니다.

그뿐만이 아니다. 거버넌스는 국가와 시민사회 사이의 이분법적 경계 개념을 전제로 양자 간의 상호작용과 협력 또는 지지적 관계를 도모하고자 한다. 그러나 가족 국가는 이와 달리 국가와 시민사회의 경계가 불분명할 뿐만 아니라 지속적으로 유동하는 것으로 상정한다. 거버넌스가 분권 국가 내지는 국가와 시민사회 또는 시장 사이에서 벌어지는 권한과 책무의 위임을 전제하는 것인데 반해 가족 국가는 스스로 경계를 조정하며 계약 국가를 수렴한다는 점에서 액상 민주주의의 한 양식에 다름 아니다. 대부분의 거버넌스가 신자유주의의 이념적 정당성을 토대로 구축되어 있으나 가족 국가는 포용적 거버넌스에 가깝다. 작은 정부론의 연장선상에 있는 것이 아니라 민주화 작업의 일환이며, 참정권의 부활이 아니라 새로운 생성과 확장을 뜻한다. 경쟁과 응집을 통한 거버넌스의 구성을 말하는 것인만큼 기존의 거버넌스 이론의 관점에서 보면 보다 더 심화된 비판론적 평가와 해석을 필요로 하는 일이다.

5 위기 대응의 성공과 서구 문화 중심주의의 극복

한국인 스스로 코로나-19에 성공적으로 대응했다고 자평한다. <그림 4-1>에서 보는 바와 같이 한국리서치의 지난 일 년 동안 있었던 20차례의 설문조사(이소연, 2020.11.25.)에서 코로나-19에 대응하는 정부의 역할을 긍정적으로 평가하는 경우가 연평균 71.6%에 달했다. 발병율이나 치명율 같은 객관적 지표도 이를 실증해 준다. 그러나 이런 긍정적 자기 확신에 결정적 기여를 한 것은 외부 세계의 적극적, 긍정적 평가였다.

미국의 일간지 월스트리트저널(2020.09.25.)은 한국을 코로나19에 가장 잘 대응한 나라로 지목했다. 대유행 초기 전 세계의 다른 선진국보다 바이러스 전염을 잘 억제했다면서 미국, 영국보다 2배 더 효과적으로 감염자의 타인 전파를 차단했다고 밝혔다. 또한 전 세계가 코로나-19 사태로 경기 불황을 겪는 가운데 한국의 2020년도 성장률 전망이 −0.8%로 경제협력개발기구(OECD) 회원국 중 경제 지표가 제일 좋다는 점도 소개했다(강건택, 2020.09.26.). 미국의 경제전문지 포브스(2020.09.30.)는 홍콩 기반의 씽크탱크 DKG(Deep Knowledge Group)의 연구보고서를 인용해 '한국이 코로나-19 100대 안전국가중 3위'라고 보도했다. 이 보고서는 전 세계 250개국을 대상으로 코로나-19와 관련된 경제, 정치, 보건·의료의 안전성을 평가했다. 1위는 독일, 2위는 뉴질랜드다(남상훈, 2020.09.18.). 블룸버그 통신(2020.10.23.)도 '코로나 회복력 지수'를 공개하고 GDP 규모 2000억 달러가 넘는 53개국 가운데 한국이 4위라고 밝혔다. 이 지수는 최근 한 달 10만 명당 감염자, 치명률, 백신 접근성, 이동의 자유 정도, GDP(국내총생산) 전망 등 코로나-19 상황과 삶의 질 관련한 10가지 지표를 종합해 점수화 한 것이다(김주동, 2020.11.25.).

이런 지구촌의 긍정적 평가는 K-방역을 국가 브랜드화하는 계기를 마련해 주었을 뿐만 아니라 대외 이미지 제고에 크게 기여하는 결과를 낳았다. 한국의 국제적 가시성을 혁신적으로 신장하면서 연성권력의 강화에 기여했다. 이를 기화로 K-방역 자체가 외교 협력의 구체적이고 실용적인 수단으로 활용되는 변화도 불러왔다(Klingebiel & To/rres, 2020: 8).

　이렇듯 정부가 코로나-19 사태에 잘 대응한다는 지구촌의 평가
는 한국인의 국가에 대한 자긍심을 혁신적으로 높이는 계기가 되
었다(최인수 외, 2020: 224). 2020년 6월 2일에 보고된 여론 조사에
의하면 코로나-19의 유행 이후 국민이 분열을 잘하는 편이라고
생각하는 경우는 11%인 반면 '단결이 잘되는 편'이라고 생각을 바
꾼 비율은 64%나 되었다(천관율, 2020.06.02.). 더욱 주목할 만한 것
은 '내가 낸 세금이 제대로 쓰인다고 믿게 되었다'는 응답이 43%로
'낭비된다고 믿게 되었다'는 응답 24%를 거의 두 배 가깝게 상회한
다(천관율, 2020.06.02.). 코로나-19 국면에서 계약 국가가 제대로
작동하고 있다는 믿음이 크게 상승했음을 뜻한다. 심지어 세금조
차 그렇다. 세금 관련 질문에서 신뢰도가 올라 갔다고 답하는 경우
는 좀처럼 찾아보기 힘든데, 그 드문 일이 일어났다. 계약 국가의
위기 대응이 효과적이었다는 평가다.

　보다 중요한 것은 이런 변화를 통해 해묵은 선진국 콤플렉스에
서 벗어나는 계기가 되었다는 점이다. 코로나-19 대응에 대한 선
진국과 한국의 역량을 비교해달라는 질문에 국가의 총체적 역량에
서 한국이 선진국보다 더 우수하다는 응답이 39%였다. 비슷하다는
응답도 31%였다. 둘을 합치면 70%가 한국이 선진국 반열에 올랐
다고 자평한다(천관율, 2020.06.02.). 일반 시민의 역량에 대한 평가
는 보다 더 후하다. 84%가 한국 시민의 역량이 선진국보다 앞서거
나 비슷한 수준이라고 평가했다(천관율, 2020.06.02.). 이런 변화는
한국이 오랫동안 시달려온 궁핍 국가, 결손 국가, 취약 국가 내지

는 냉동 국가의 콤플렉스에서 벗어나 자신을 새롭고 자긍심에 가득 찬 눈으로 바라보게 되었음을 뜻한다. 이런 시각상의 교정은 한국의 근대사 이래 처음으로 스스로를 지구촌 공동체의 선도국으로 자리매김하는 일에 스스럼없이 나서도록 했다. 무엇보다도 서구 문명 우월주의에서 벗어나 자신을 중립적으로 바라볼 수 있게 되었다는 점에서 주목된다.

제6장

결 론

결 론

    평소 면적 국가로서 사회적 침투력이 취약한 것으로 평가되는 한국 정부가 코로나-19 대응에서 괄목할 만한 성과를 낳은 데에는 위기 상황이라는 환경적 요인, 한국 사회 고유의 문화적 특성인 가족주의 요인, 정보화 사회라는 시대적 요인이 함께 작용한 탓으로 여겨진다. 이 가운데에서도 가족주의는 코로나-19 대응 집행 거버넌스를 형성하는 데 있어 시민사회의 적극적 대응을 추동해 온 핵심적 요인에 다름 아니다.

    서구사회의 계약 국가에서는 위기 상황에 직면할 경우 국민의 안전과 보호를 책임지기로 하고 개인이 지닌 참정의 권한을 위임해둔 계약 국가에게 위기 대응에 나설 것을 주문하는 것은 너무나도 당연한 일이다. 따라서 그런 국가나 중앙정부가 국민들로부터 얼마나 높은 신뢰를 누리느냐가 위기 대응 성공의 핵심적 지표이자 추동 요인 가운데 하나다. 그러나 한국과 같이 국가를 가족의 연장선상에서 이해하는 가족 국가 프레임 아래에서는 위기에 처할수록 국가는 넓은 의미의 가족과도 같은 존재임으로 타자의 문제가 아니라 내 가족 내 자신의 문제라는 의식이 앞서면서 국가에게만 맡겨 놓고 기다릴 수 없다는 생각을 갖게 한다. 시민사회가 보다 적극적, 선제적으로 위기 대응에 나서게 되는 이유다. 따라서국가에 대한 신뢰 적자 상태가 오히려 시민사회의 적극적 대응을촉발하는 핵심적 요인 가운데 하나로 작용한다.

이런 인식의 틀 아래에서 보면 코로나-19 같은 위기 상황을 극복하는 데 필요한 것으로 평가되어 온 민첩 거버넌스나 증거기반거버넌스 또는 회복적 거버넌스나 조응적 거버넌스는 모두 전환비용을 전제하고 그 과정에서 발생하는 비용 발생을 줄여보자는 것에 다름 아니다. 그러나 보다 근본적으로는 전환과정을 최소화하거나 우회하여 시민사회가 자체적으로 대응하고 회복하고자 하는경우가 보다 더 신속하고 효율적일 것은 췌언을 요하지 않는다. 특히 코로나-19 같이 치료제나 예방제 같은 의과학적 대응이 불가능한 상황에서는 시민 스스로가 감염의 출발점이자 확산의 숙주이며 나아가 방역 활동의 궁극적 주체일 수 밖에 없다. 그렇기 때문에 시민사회가 보다 더 큰 비중으로 다뤄지는 건 당연한 일이다. 이렇게 놓고 보면 한국의 가족 국가가 코로나-19 위기 대응 집행거버넌스의 운용과정에서 핵심적, 선제적, 적극적으로 작용했다는사실은 한국의 성공적인 대응에 시민사회가 주요 요인으로 작용했음을 확인해 주는 것에 다름 아니다.

그런데 이렇듯 가족 국가가 위기 대응의 선도적 역할을 수행하게 되는 데에는 위기 상황이라는 환경적 요인이 중요변수로 작용했다. 국민의 안전과 보호를 책임지는 행정국가로서의 계약 국가와 정서적 연대와 헌신을 토대로 작동하는 가족 국가가 계약 국가 친화적으로 병치되어 있다가 가족 국가가 보다 적극적으로 작동하여 전면에 나서게 되는 데에는 심각한 위기라는 상황 판단이 결정적 요인으로 작용한다. 그런 점에서 거버넌스에 대한 일반적인 논의는 이제 위기 상황인지의 여부 같이 거버넌스가 이뤄지는 맥락적 환경에 대한 판단의 문제를 다루는 거버넌스 차원을 추가해서 논의해야 할 것으로 생각된다.

또한 지금까지 집행 거버넌스에 대한 논의는 일국주의의 경계 범위 내에서 이뤄지는 것이 보통이었다. 일국주의의 경계 내에서 이뤄지는 국민 주권을 토대로 작동하는 행정국가를 전제해 온 탓이다. 이로 인해 집행 거버넌스의 운영 과정에 국외 변수가 영향요인으로 작용한다는 사실을 제대로 반영하지 못했다. 그러나 한국의 코로나-19 대응 과정에서는 한국 정부의 코로나-19에 대한 대응이 매우 성공적이고 선도적이라는 지구 공동체에서의 판단과 평가가 국민으로 하여금 한국 정부에 대한 신뢰를 제고하는 주요 요인 가운데 하나로 작용했다. 코로나-19가 지구 공동체 구성원 모두가 당면하고 있는 주요 현안이라는 사실과 정보화 사회의 도래에 따른 정보 소통상의 장애 요인 제거가 핵심적 환경 요인으로 작용한 탓이겠으나 환류 거버넌스에 대한 논의를 보다 더 체계적으로 전개해야 할 필요성이 제기되고 있음을 환기해 주는 것에 다름 아니다. 아니 국가와 시민사회 간의 협력적 공조 체제로서의 기버넌스에 대한 논의는 아직 환류 단계로까지 논의의 지경을 확장하지 못한 상태에 있다고 해도 과언이 아니다. 이를 개선하는 과제가 후속 연구자들에게 남겨진 숙제 가운데 하나다.

한국과 같이 전통사회의 유제로서 남겨진 가족 국가와 현대적 의미의 계약 국가가 병치되어 있는 이중 국가는 흔히 비효율, 비경제의 유발 요인으로 평가되어 왔다. 규모의 경제와 합리적, 이성적 접근을 중시하는 근대의 과학주의 관점에서 보면 감정적, 정서적 요인과 합리적, 과학적 요인이 중첩되어 있는 이중 국가는 그것 자체로서 비효율과 비경제의 근인으로 평가되어 억울할 것이 없어 보인다. 그런 점에서 이중 국가가 "비동시성의 동시성"에 따른 사회적 역기능의 근원지라는 평가에도 이의를 제기하기 어려웠다. 그러나 위기 상황 아래에서는 이중 국가 현상이 오히려 위기 극복의 효율적 대안으로 작용한다는 사실을 확인하면서 그동안 제기되어 온 이중 국가에 대한 평가가 서구적 편향성을 동반한 것은 아니었는지를 검토해 볼 필요성이 있음을 시사한다.

이 점은 특히 사회 계약론과 개인주의에 바탕을 둔 서구의 근대 행정국가가 모조리 코로나-19의 대응 거버넌스 운영에 효율적이지 못했다는 저간의 사정을 감안해 볼 때 그동안 한국 사회가 서구 문명 우월주의에 빠져 있었던 것은 아닌지를 스스로 반성하는 전기를 마련해 주었다. 후기 근대론의 등장 이후 한국적 표준의 모색에 대한 논의가 한국의 지성계에서 논의된 바 없는 것은 아니지만 이때의 한국적 표준에 대한 요구는 서구 사회 내부에서 근대적 프레임이 물러나면서 생겨난 문명사적 수요에 대한 한국적 대응을 주문하는 것 이상도 이하도 아니었다. 코로나−19에 대한 성공적인 대응 과정에서 생겨난 한국 사회의 자긍심 회복이 불러온 부수적인 그러나 매우 중요한 변화 가운데 하나는 이제 이런 자긍심을 토대로 한국 사회가 스스로 판단하고 주문하는 척도에 따라 한국적 표준을 설정하자는 자의식이 싹트게 되었다는 점이다. 이제는 지식생산국 단계로 도약해 보자는 자성에 다름 아니다. 지식수입국으로 오래 살았다는 것은 사유가 독립적이지 않고 종속적이라는 의미이다. 이는 지금도 서구의 이념적 프레임에 기초한 진영 논리에 빠져 허덕이는 이유 가운데 하나이기도 하다(최진석, 2020.09.01.). 문명사 이래의 지구촌 위기 상황 가운데 하나로 지목되는 코로나−19 사태는 역설적으로 한국 사회로 하여금 이런 피동적 질곡에서 벗어날 계기를 마련해 주고 있다.

이렇듯 회복된 자긍심의 관점에서 보면 지금까지 논의되어온 대부분의 거버넌스 이론이 사회 문제의 해결을 국가에 의존해야 한다는 사실을 너무나도 당연시 해 온 것은 아닌가를 반추해 보게 된다. 이 점은 특히 정보사회의 도래 이후 고체 국가의 유제인 현대 행정국가가 더 이상 사회 문제 해결의 효율적 대안이 아니라는 반성과 함께 새로운 대안 모색에 대한 수요가 긴박했음을 다시 한 번 환기시켜주는 것에 다름 아닌 일이기도 하다. 정보사회의 도래는 국가와 시민사회의 관계에서 국가의 시민사회에 대한 침투력을 강화시켜주는 변화를 동반하기도 하지만 시민사회의 자율적 활동을 강화시켜주는 요인으로도 작용한다. 정보사회가 기존의 사회질서를 증폭시켜 기득권을 강화하는 성질을 지녔다는 관점에서 보면 강력한 행정국가가 작동해 온 서구사회에서는 국가와 시민사회의 관계에서 국가 친화적으로 그 효과가 발현될 가능성이 높다. 반면에 한국과 같이 국가의 침투력이 상대적으로 취약한 면적 국가에서는 시민사회의 자율적 활동 공간을 확장시켜주는 기제로 작용하는 비중이 훨씬 더 커지게 된다. 이는 코로나−19 대응 과정에서 여실히 드러났다. 정부가 다양한 양식의 정보통신 프로그램을 고안해서 대응했으나 정작 이를 통해 취득한 정보를 토대로 자기 방역에 나서서 자율적 활동을 강화한 것은 시민 개개인의 적극적 대응이었다. 침투력 강한 근대적 의미의 행정국가에 이르지 못한 한국의 면적 국가가 누리는 후발국가의 역설이었던 셈이다.

참고문헌

강건택. (2020.09.26.). WSJ "한국, 코로나19 대응의 암호 풀었다"…K방역 대서특필. 「연합뉴스」. <https://www.yna.co.kr/view/AKR20200926005300072> 2020.01.25. 접속검색.

강명구. (2007). 진보논쟁은 무엇을 놓치고 있는가? 「인물과 사상」, 4: 41−54.

권성수. (2016.06.02.). 한국의 가족주의는 어떻게 변화해 왔는가? 「리뷰 아카이브」. <http://www.bookpot.net/news/articlePrint.html?idxno=779> 2021.01.18. 접속검색.

권수현. (2019.11.14.). 韓국민의 정부신뢰도 39%…OECD 36개국 중 22위. 「연합뉴스」. <https://www.yna.co.kr/view/AKR20191114147100004> 2020.06.26. 접속검색.

권용혁. (2013a). 공적 영역과 사적 영역: 한국 근대 가족을 중심으로. 「사회와 철학」, 26: 159−184.

_____. (2013). 한국의 가족주의에 대한 사회철학적 성찰. 「사회와 철학」, 25: 203−232.

김경미. (2018). 비교의 시각에서 본 한국 정치경제 모델. 「한국정치연구」, 27(1), 375−402.

김동춘. (2020). 「한국인의 에너지, 가족주의」. 서울: 도서출판 피어나.

김동환·조수민. (2020). 코로나 19 방역에 있어서의 마스크 정책의 딜레마−KF−AD 마스크 표준을 통한 부분적 딜레마 대응. 「한국행정학회 동계학술발표논문집」, 2020(1): 437−447.

김명희. (2020). 공중보건 위기 대응과 협력적 거버넌스. 「행정포커스」, 146: 69−71.

김수정. (2020). 데이터와 코로나 19, 4차 산업혁명과 포스트 코로나 시대. 「행정 포커스」, 147: 68−73.

김은희(Eun Hee, Kim). (2020.07.17.). 양반은 누구인가?(6). Facebook. <https://www.facebook.com/eunhee.kim.79230/posts/3360314690680152> 2021.05.07. 접속검색.

_____. (2020.07.09.). 양반은 누구인가?(6). Facrbook. <https://www.facebook.com/eunhee.kim.79230/posts/3337548939623394> 2021.05.07. 접속검색.

_____. (2018.12.08.). 양반은 누구인가?(1). Facebook.<https://www.facebook.com/eunhee.kim.79230/posts/2195112207200412> 2021.05.07. 접속검색.

김주동. (2020.11.25.). '코로나 대응력' 한국이 日에 뒤져 의아했다면…. 「머니투데이」. <https://news.mt.co.kr/mtview.php?no=2020112517401107562> 2021.01.25. 접속검색.

남상훈. (2020.09.18.). 포브스 "한국, 코로나 안전국가 3위". 「한

국재난뉴스」. <http://www.hjnews.co.kr/news/article
View.html?idxno=3000> 2021.01.25. 접속검색.

노홍인. (2020). 코로나 19와 적극행정. 「행정 포커스」, 147:
32-35.

다카하시 도루. (2010). 구인모 옮김. 「식민지 조선인을 논하다」.
서울: 동국대학교 출판부.

마루야마 마사오. (1995). 김석근 옮김. 「일본정치사상사연구」. 서
울: 통나무.

문명재. (2020). 코로나 19의 도전과 정부의 대응: 도전과 기회. 「행
정 포커스」, 147: 41-48.

박광국·김정인. (2020). 포스트 코로나 시대의 정부역할과 시민문
화.「한국행정학보」, 54(3): 1-30.

박기수. (2020). 코로나 19가 안겨준 교훈과 정부의 역할. 「행정
포커스」, 147: 36-40.

박영은. (1985). 산업화와 가족주의. 한국정신문화연구원. 「정신문
화연구」, 8(1).

박재창. (2018). 「한국의 거버넌스」. 서울: 한국외국어대학교 지식
출판콘텐츠원.

박통희. (2004). 가족주의 개념의 분할과 경험적 검토: 가족주의,
가족이기주의, 의사가족주의. 「가족과 문화」, 16(2): 93-125.

박형준·주지예. (2020). 한국인의 국가비전과 정부역할, 정부 신
뢰의 인식변화. EAI 워킹페이퍼.

성상덕. (2020). 한국인의 국가관: 2020년 현재. 한국 행정학회 행

정사연구회 춘계 학술대회 발표논문. 한국행정학회 세미나실. 2020.05.16.

소진광. (2020). 감염병에 대한 한국형 방역사례를 통해 본 지방분권의 중요성. 「행정 포커스」, 147: 55-60.

손진석. (2020.04.29.) 佛 기 소르망 "한국, 방역 성공했지만 매우 감시받는 사회". 「조선일보」.

신대현. (2020.12.02.). 다시 활약하는 생활치료센터, 16개소 가동률 60% 돌파. 「메디포뉴스」.

위은지. (2020). 신속한 진단, 혁신적 선별진료소---코로나 19 확산통제에 기여. 「나라경제」, 357(8월호): 10-11.

이기범. (2020.08.05.). 한 코로나 19 방역 성적, OECD 국가중 압도적 1위. 「노컷뉴스」. <https://www.nocutnews.co.kr/news/5389416> 2020.08.07. 접속검색.

이대희. (2020). 한국인의 국가관: 1948년 전후. 한국 행정학회 행정사연구회 춘계 학술대회 발표논문. 한국행정학회 세미나실. 2020.05.16.

이소연. (2020.11.25.). 여론 속의 여론: 코로나-19 20차 인식조사(11월 2주차). 「한국리서치 주간리포트(제105-2호)」.

이승환. (2002). 한국민, 동양의 공사관과 근대적 변용. 「정치사상연구」, 6.

이영완. (2020.11.03.). [사이언스카페] 코로나 감염률, 한국이 세계에서 가장 낮다. 영 연구진 45국 감염, 사망 실태 조사 결과 네이처에 발표. 「조선일보」.

이한우. (2002). 「한국은 난민촌인가」. 서울: 책세상.

임상훈. (2020.12.11.). 세계적 방역 모델 한국의 위기ーーー외신이 주목한 특이점. 「오마이뉴스」.

임혁백. (2020). 코로나 19 펜데믹 이후의 사회경제질서의 변화. 경제인문사회연구회 주최 감염병 연구회 출범 세미나 기조발표논문. 서울 엘타워. 2020.07.06.

진순천. (2020.04.08.). [역사속 역병①] 역병에 무너진 로마제국, 그 역사가 전하는 메시지. 「에포크타임스 한글판」.

천관율. (2021.01.04.). '방역정치'가 드러낸 한국인의 세계ー각자도생의 경고. 「시사IN」. <https://www.sisain.co.kr/news/articleView.html?idxno=43617> 2021.01.11. 접속검색.

_____. (2020.12.22.). '방역정치'가 드러낸 한국인의 세계ー의문 품는 한국인들. 「시사IN」. <https://www.sisain.co.kr/news/articleView.html?idxno=43417> 2021.01.19. 접속검색.

_____. (2020.06.12.). 코로나19가 드러낸 '한국인의 세계'ー 갈림길에 선 한국 편. 「시사 IN」. <https://www.sisain.co.kr/news/articleView.html?idxno=42165> 2020.11.18. 접속검색.

_____. (2020.06.02.). 코로나19가 드러낸 '한국인의 세계'ー 의외의 응답 편. 「시사IN」. <https://www.sisain.co.kr/news/articleView.html?idxno=42132> 2020.11.17. 접속검색.

최봉영. (1997). 「조선시대 유교문화」. 서울: 사계절.

최석만. (1999). 유교 사상과 민주주의의 접합을 위한 이론 구성 및 방법론. 「동양사회사상」, 2: 5ー29.

최우영. (2006). 조선시대―사회관계 변화와 가족주의의 기원. 한국가족학회 편, 「가족문화」, 18(1): 1―32.

최영진. (2008). 유교 국가론에 있어 통치 주체와 객체의 문제. 「동양철학 연구」, 53: 145―175.

최인수·윤덕환·채신애·송으뜸. (2020). 「대중을 읽고 기획하는 힘 2021 트렌드 모니터」. 서울: 시크릿하우스.

최정운. (2016). 「한국인의 발견: 한국 현대사를 움직인 힘의 정체를 찾아서」. 서울: 미지북스.

최진석. (2020.09.01.). 친일과 대한민국, 「미디어 투데이」. <http://m.mediatoday.asia/181106#_enliple> 2020.09.03. 접속검색.

한국리서치. (2020.11.25.). 여론 속의 여론: 코로나―19 20차 인식조사(11월 2주차). 「주간리포트」, 105(2).

황경식, 정인재, 이승환, 김형철, 이기동, 박찬영, 김수중, 남경희, 최영진, 이좌용, 정병석, 이진우. (1996). 「윤리질서의 융합」. 서울: 철학과 현실사.

Ahmad, R. (2008). Governance, Social Accountability and the Civil Society, *Journal of Administration & Governance*, 3(1): 10―21.

Bloch, Ernst. (1977, [first published in German 1932]). Trans. Mark Ritter. *Nonsynchronism and the Obligation to its Dialectics*. New German Critique. 11: 22―38.

Boin, Arjen and Lodge, Martin. (2016). Designing Resilient Institutions for Transboundary Crisis Management: a Time for Public Administration. *Public Administration*, 94(2): 289−298.

Boswell, C. and Rodrigues, E. (2016). Policies, Politics and Organizational Problems: Multiple Streams and the Implementation of Targets in UK Government. *Policy and Politics*, 44(4): 507−524.

Bowtell, B. (2020.03.06). Our HIV Lesson: Exclude Politicians and Trust the Experts−and the People−to Confront Coronavirus, *The Sydney Morning Herald*. <https://www. smh.com.au/national/our−hiv−lesson−exclude−politicia ns−and−trust−the−experts−and−the−people−to−co nfront−coronavirus−20200305−p5476a.html.> 2021.01.10. 접속검색.

Brousselle, Astrid, Brunet-Jailly, Emmanuel, Kennedy, Christopher, Phillips, Susan D., Quigleym, Kevin and Roberts, Alasdair. (2020). Beyond COVID-19: Five Commentaries on Reimagining Governance for Future Crises and Resilience. *Canadian Public Administration*, 63(3): 369−408.

Carmel, Emma. (2019). Chapter 3: Governance Analysis: Epistemological Orientations and Analytical Framework. In

Carmel, Emma. (ed.) *Governance Analysis: Critical Enquiry at the Intersection of Politics, Policy and Society*. Glos, UK: Edward Elgar.

Center for Systems Science and Engineering(CSSE). (2020.12.30.). COVID-19 Data Repository. Johns Hopkins University(JHU). <https://www.google.co.kr/search?source=hp&ei=Vu3zX9i ELsmnoATDn4fQBQ&q=%EC%BD%94%EB%A1%9C%EB%8 2%98+%EB%B0%94%EC%9D%B4%EB%9F%AC%EC%8A%A 4+%EC%9D%BC%EC%9D%BC+%ED%99%95%EC%A7%84 %EC%9E%90+%EC%88%98&oq=%EC%BD%94%EB%A1%9 C%EB%82%98+%EC%9D%BC%EC%9D%BC+%ED%99%95 %EC%A7%84%EC%9E%90+%EC%88%98&gs_lcp=CgZwc3 ktYWIQARgBMgIIADIGCAAQCBAeMgYIABAIEB46BQgAEL EDOgQIABAKOggIABCxAxCDAToGCAAQChAqOgcIABCx AxAKOgQIABADOggIABAIEA0QHlCDEVj3tgFgmJ0CaANwA HgDgAHcA4gBmlOSAQoxLjIuOC4yMC44ymAEAoAEBqgEHZ 3dzLXdpeg&sclient=psy-ab> 2020.12.30. 접속검색.

Cohen, M.D., March, J.G. and Olsen, J.P. (1972). A Garbage Can Model of Organizational Choice. *Administrative Science Quarterly*, 17(1): 1-25.

Djalante, Riyanti. (2012). Adaptive Governance and Resilience: the Role of Multi-Stakeholder Platforms in Disaster Risk Reduction. *Natural Hazards Earth System Sciences*, 12: 2923-

2942.

Eom, Seok—Jin. (2012). Institutional Dimensions of e—Government Development: Implementing the Business Reference Model in the United States and Korea. *Administration & Society,* 45(7): 875—907.

Fawcett, Paul and Daugbjerg, Carsten, (2012). Explaining Governance Outcomes: Epistemology, Network Governance and Policy Network Analysis. *Political Studies Review*, 10(2): 195—207.

Fukuyama, Francis. (2020). The Pandemic and Political Order: It Takes a State. *Journal of Foreign Affairs*, 99: 4.

_____. (2004). The Imperative of State—Building. *Journal of Democracy*, 15(2): 17—31.

_____. (1997). Social Capital and the Modern Capitalist Economy: Creating a High Trust Workplace. *Stern Business Magazine*, 4(1).

Giustiniano, Luca, Miguel Pina e Cunha, Ace V. Simpson, Arménio Rego and Stewart Clegg. (2020). Resilient Leadership as Paradox Work: Notes from COVID—19. *Management and Organization Review*, 16(5): 971—975.

Gorgulhoa, José, Tavaresa, Jorge, Páscoaa, Carlos and Tribolet, José. (2015). Governance: Decision—making Model and Cycle. *Procedia Computer Science*, 64: 578–585.

He, Alex Jingwei, Shi, Yuda and Liu, Hongdou. (2020). Crisis Governance, Chinese Style: Distinctive Features of China's Response to the COVID—19 Pandemic. *Policy Design and Practice*, 3(3): 242—258.

Henderson, Gregory. (1968). *Korea: The Politics of the Vortex*. Cambridge, MA: Harvard University Press. 479.

Hirschman, Alberto O. (1970). *Exit, Voice and Loyalty*. Cambridge, MA: Harvard University Press.

Irene, Oseremen Felix. (2018). Enhancing Governance and Operational Effectiveness of Civil Society Organisations for Quality Service Delivery in South Africa. *International Journal of Governance and Development*, 5: 47—52.

Janssen, Marijn and van der Voort, Haiko. (2020). Agile and Adaptive Governance in Crisis Response: Lessons from the COVID—19 Pandemic. *International Journal of Information Management*, 55: 1—7.

Jung, Jai Kwan. (2020). The Role of Civil Society in South Korean Democracy: Liberal Legacy and Its Pitfalls. *Asia Democracy Issue Briefing*. The East Asia Institute.

Kauzya, John—Mary. (2020). COVID—19: Reaffirming State—People Governance Relationships. UN/DESA Policy Brief #75. Department of Economic and Social Affairs, UN.

Kingdon, John W. (2003). *Agendas, Alternatives and Public*

Policies. Second edition. New York, NY: Longman.

Klingebiel, Stephan and To/rres, Liv. (2020). Republic of Korea and COVID-19: Gleaning Governance Lessons from a Unique Approach. *Pathfinders*. UNDP. 1-10.

Kooiman, Jan. (2010). Chapter 5: Governance and Governability. In Osborne, Stephen P. (ed.). *The New Public Governance? Emerging Perspectives on the Theory and Practice of Public Governance*. New York, NY: Routledge.

Kornhauser, Lewis A. (2004). Governance Structures, Legal Systems, and the Concept of Law. *Chicago-Kent Law Review*, 79(2): 355-381.

Kye, Bongoh and Hwang, Sun-Jae. (2020). Social Stust in the Midst of Pandemic Crisis: Implications from COVID-19 of South Korea. *Research in Social Stratification and Mobility*, 68: 1-5.

Lancaster, Kari, Rhodes, Tim and Rosengarten, Marsha. (2020). Making Evidence and Policy in Public Health Emergencies: Lessons from COVID-19 for Adaptive Evidence-making and Intervention. *Evidence and Policy*, 16(3): 477-490.

Lewis, W. Arthur. (1965). *Politics in West Africa*. New York, NY: Oxford University Press.

Maharaj, Rookmin. (2009). Corporate Governance Decision-making Model: How to Nominate Skilled Board Members, by

Addressing the Formal and Informal Systems. *International Journal of Disclosure and Governance*, 6(2):106−126.

Morgenthau, Hans J. (1962). Chapter 29: The Corruption of Patriotism. In *Politics in the Twentieth Century. Vol 1. The Decline of Democratic Politics*. Chicago, IL: University of Chicago Press.

Moon. Myung Jae. (2020). Fighting COVID−19 with Agility, Transparency and Participation: Wicked Policy Problems and New Governance Challenges. *Public Administration Review*, 80(4): 651−656.

OECD. (2013). Contextual Factors Influencing Governance in Colombia. In OECD. *Colombia: Implementing Good Governance*, Paris, France: OECD Publishing. <https://doi.org/10.1787/9789 264202177−4−en> 2021.05.27. 접속검색.

Putnam, Robert D. (1995). Bowling Alone, Revisited. *The Responsive Community*, Spring: 18−33.

Rogin, Josh. (2020.03.11.). South Korea Shows That Democracies Can Succeed Against the Coronavirus. *Washington Post*.

Rushton, S., (2011). Global Health Security: Security for Whom? Security from What? *Political Studies*, 59(4): 779−796.

Ticla'u, Tudor, Hintea, Cristina and Andrianu, Bianca. (2020). Adaptive and Turbulent Governance. Ways of Governing that Foster Resilience: The Case of the COVID-19 Pandemic. *Transylvanian Review of Administrative Sciences*, Special Issue: 167-182.

van de Pas, Remco. (2020). Globalization Paradox and the Coronavirus Pandemic. *Clingendael Report*. Netherlands Institute of International Relations.

Yang, Kaifeng. (2020). What Can COVID-19 Tell Us About Evidence-Based Management? *American Review of Public Administration*, 50(6-7): 706-712.

Zainon, Saunah, Ruhaya Atan, Nadzira Yahaya, Marshita Hashim. (2013). Into Insights of Contextual Governance Framework for Religious Non-Profit Organizations. *International Journal of Economics and Management Engineering*, 7(12).

Zohlnhöfer, Reimut and Rüb, Friedbert W. (2016). Chapter One Introduction: Policy-Making under Ambuiguity and Time Constraints. In Zohlnhöfer, Reimut and Rüb, Friedbert W. (eds.). *Decision-Making under Ambiguity and Time Constraints: Assessing the Multiple-Streams Framework.* Colchester, UK: ECPR Press.

색 인

(ㄱ)

저자소개

박재창은 현재 숙명여자대학교 명예교수로 재직중이다. 미국 뉴욕주립대학교에서 행정학 박사학위를 받았다. 한국 행정학회 회장, 한국 NGO학회 회장, 한국 국제지역학회 회장, 한국 정치행정연구회 회장을 역임했다. 한국 외국어대학교 석좌교수, 독일 자유베를린대학교 훔볼트재단 연구교수, 미국 버클리대학교 플브라이트 교수, 일본 동지사대학교 객원교수, 태국 창마이라찻팟대학교 방문교수를 지냈다. 미국 정치학회의 Congressional Fellow, (사)한국미래정부연구회 이사장, (사)아세아의회발전연구소 소장, (사) 옴부즈만연구소 이사장, 아시아·태평양 YMCA연맹 회장으로 활동했다. [지구 거버넌스와 NGO], [대안관광과 NGO], [옴부즈만 : 제4부], [한국의 거버넌스], [한국의 헌법개정], [한국의 시대정신], [한국의 국정개혁], [New Governance: Issues and Challenges], [정치쇄신 4.0], [거버넌스 시대의 국정개조], [Responses to the Globalizing World], [한국민주주의와 시민사회], [분권과 개혁], [한국의회윤리론], [한국의회개혁론], [한국의회정치론], [한국전자의회론], [한국의회행정론] 등 40여 편의 저서와 편저가 있다.

코로나 – 19와 한국의 거버넌스

초판발행   2021년 6월 30일

지은이   박재창
펴낸이   안종만 · 안상준

편 집   장유나
기획/마케팅   이후근
표지디자인   벤스토리
제 작   고철민 · 조영환

펴낸곳   (주) **박영사**
            서울특별시 금천구 가산디지털2로 53, 210호(가산동, 한라시그마밸리)
            등록   1959. 3. 11. 제300–1959–1호(倫)

전 화   02)733–6771
f a x   02)736–4818
e-mail   pys@pybook.co.kr
homepage   www.pybook.co.kr
ISBN   979-11-303-1356-6   93350

정 가   12,000원